"最美中国"丛书(第二版)

最美的街巷

邵　琳　著

合肥工业大学出版社

图书在版编目(CIP)数据

最美的街巷/邵琳著．—2版．—合肥：合肥工业大学出版社，2017.12（2019.3重印）

（最美中国丛书）

ISBN 978－7－5650－3778－8

Ⅰ．①最… Ⅱ．①邵… Ⅲ．①城市道路—介绍—中国 Ⅳ．①K928．5

中国版本图书馆CIP数据核字(2017)第325310号

最美的街巷

邵 琳 著 责任编辑 朱移山 张 慧

出 版	合肥工业大学出版社	版 次	2012年12月第1版 2017年12月第2版
地 址	合肥市屯溪路193号	印 次	2019年3月第3次印刷
邮 编	230009	开 本	710毫米×1000毫米 1/16
电 话	总 编 室：0551－62903038 市场营销部：0551－62903198	印 张	11.5 字 数 176千字
网 址	www.hfutpress.com.cn	印 刷	河北锐文印刷有限公司
E-mail	hfutpress@163.com	发 行	全国新华书店

ISBN 978－7－5650－3778－8 定价：38.00元

序

赵　焰

一直以为，中国传统文化的精髓，从时间上说，是在明朝之前的。明朝之前，占据社会主流的，是清明理性的孔孟之道。崇尚自然、游离社会的道学，作为主流思想的补充，与儒学一起“相辅相成”、“一阴一阳”，使得社会主流思想具有强大活力。从总体上来说，中国文化的源头，无论是周公、老子、孔子，还是后来的诸子百家，比如说孟子、荀子、庄子、韩非子、墨子等等，都对人生保持清醒、冷静的理性态度，保持孔子学说实践理性的基本精神，即对待人生、社会的积极进取精神；服从理性的清醒态度；重实用轻思辨、重人事轻鬼神的思维模式；善于协调，讲究秩序，在人伦日用中保持满足和平衡的生活习惯……中国文化的源头如此，决定了汉民族的心理结构和精神走向，包括汉民族理想追求、文化风格以及审美倾向。

中国文化在明朝之前，占据社会主流的，是高蹈的士大夫精神。最显著的表现在于：遵从天地人伦之间的道德，有高远的理想，讲究人格的修炼，反对人生世俗化，鄙视犬儒的人格特征。比如说孔子，从他的言语来看，更像是倡导一种人生价值观，追求人生的美学意义。又比如说庄子，他的学说，不像是哲学，更像是一种生活美学：道是无情却有情，看似说了很多超脱、冷酷的话，实际上透露出对于生命、本真的眷恋和爱护，要求对整体人生采取审美观照态度，不计功利是非，忘乎物我、主客、人己，以达到安详和宁静，让自我与整个宇宙合为一体。这种贯穿着士大夫精神的人生价值观，让人忘怀得失摆脱利害，超越种种庸俗无聊的现实计较和生活束缚，或高举远慕，或怡然自适，或回归自然，在前进和后退中获得生活的力量和生命的意趣。这就是中国历代士大夫知识分子一以贯之的艺术清洁精神。英国大哲学家罗素曾经说："在艺术上，他们（中国人）追求精美，在生活上，他们追求情理。"这是说到关键了。

中国人的生活哲学就是如此，一方面高旷而幽远，另一方面也连着"地气"，是自发的浪漫主义和自发的经典主义的结合。道家是中国人思想的浪漫派，儒家是思想的经典派。当东汉年间佛教传入之后，这种以出世和解脱为目的的宗教体系遭到了儒学和道教的抵抗，从而消解了印度佛教中很多寡凉的成分。经过"中庸之道"的过滤，其中极端的成分得到了淡化，避免了理论或实践上的过火行为。也因此，一种中国特色的佛教观产生了，佛教在中国更多变身为"生活禅"，变成一种热爱生活创造人生的方式。中国人一方面避免了极端的"出世"之路，另一方面，由于心灵的滋养、美智的开发，使得东汉魏晋，包括后来的南北朝、隋唐、五代十国以及唐宋元产生了很多高妙的艺术，"艺术人生"的观念也随之如植物一样葳蕤生长。可以说，这些朝代，是中国最具审美价值、最开人们心智、也最出艺术珍品的年代。也因此，很多艺术种类都在这个阶段达到了高峰，比如说唐诗、宋词、元曲、书法、绘画、音乐、舞蹈等等，它们洋溢着一种高蹈的精神追求，境界高远，洁净空旷，如清风明月，如古松苍翠。从审美上看，由于存有或明或暗的观照，存有人格与事物的交融，主题得到了提升，感悟与生命同在，境界与天地相齐，一种深远的"禅意"油然而生……从总体境界上来看，这一阶段的各类艺术形式，达到了各自的高峰。它们是最能代表中国文化精髓的。

中国的艺术精神到了明清之后，有低矮化的倾向。明清以后，由于社会形态的变化，专制制度进一步严酷；加上统治者出身和教育的局限，以及愚民政策的目的，整体文化和审美呈低俗化的倾向，社会和人生的自由度越来越窄，艺术的想象空间越来越逼仄，艺术作品的精神高度下降。随着"程朱理学"和科举制度的推行，人们的想象力、创造力被扼制，审美弱化，艺术更趋"侏儒化"、"弱智化"。大众普罗的喜好抬头，刚正不阿的风骨软化，崇尚自由、自然、提升的审美精神也在丧失。不过尽管如此，在明清时代的中晚期，那种崇尚自然、物我两忘的高贵精神仍时有抬头，一批有着真正艺术精神的独立艺术作品或有出现。尽管如此，士大夫精神已不是艺术美和生活美的主旋律，它只是一种空谷幽兰的生命绝响。

近现代之后，由于社会动荡，战乱连连，再加上西方现代化所导致的实用主义、功利主义的渗入，中国的文学艺术遭到了进一步摧残，传统的艺术精神更进一步沉沦。艺术的政治化倾向、实用主义倾向和世俗主义倾向抬头，这直接导致了真正的艺术精神缺失，艺术的品位下降，高蹈精神向世俗俯首，自然和自由变身为功利和实用，士大夫精神更是变身为犬儒主义。中国近现代上百年的屈辱和战乱，更使得中国自古以来高洁的审美观变得扭曲和肤浅：黄钟大吕变成田野俚语，布衣青衫变成了披红挂绿，古琴琵琶变成了锣鼓鞭炮，洁身自好变成了争相取宠，安详宁静变成喧哗骚动，幽默风趣变成庸俗不堪……如果说是与非，美与丑是人类最基本标准的话，那么，很长一段时间里，这种基本标准都在丧失，很多人已分辨不了是与非，也分辨不了美与丑。“文革”时期八个脸谱化的样板戏在左右着中国人的全部精神生活，这样的现象，又何尝不令人扼腕叹息！

如果说中国当代教育存在着诸多问题的话，那么，以我的理解，当代教育最大的失败，甚至不是传统丢失、精神扭曲以及弱智低能，而是在美育上的缺失。这一点，只要观察我们周围的人们，就可以得出这样的结论——在我们的周围，到处都是对于生活没有感觉，对于美丑没有鉴别的人。他们所拥有的，只是功利，只是物质，只是金钱，只是对美丑的弱智的鉴别和判断。这些人不仅仅是一些教育低下的人，甚至，一些貌似受过良好教育的人也是这样——他们虽然拥有很高的学历，有很好的教育背景，但在美丑的辨别力，以及对于艺术、心灵的觉察力、感悟力和理解力上，同样表现得能力低下、缺乏常识。这样的现象，实际上是我们多年以来的教育缺乏美育，缺乏精神导向的结果。一个人的审美，是与道德和智慧联系在一起的，审美的缺失，实际上也是道德和智慧的缺失。一个对美缺乏判断力的人，很容易在人生中缺乏动力和方向，也很容易被民族主义、法西斯主义、极端主义、工业主义所奴役，成为过度现代化的牺牲品。在很多时候，这种人不可能是一个丰富的生命，只是一架精神匮乏的机器。

现在，这一套由合肥工业大学出版社精心组织的“最美中国丛书”，似乎在某种程度上，弥补了一些“寻根”和美育上的缺失。该丛书旨在“重建中国优美形象，重构华夏诗意生活”，通过对古代思想、伦理道德、文学艺术、风景民俗、器物发明等的重新梳理，重新发现中国特有的美，倾情向世人推介这种美，以期真正的美得到传承。这套书知识精准，图文并茂，力求童趣与大美的融合，悦目和感人的统一。对于正在成长的青少年来说，这一套书，应是一个不错的选择，最起码它可以让人知道，什么是中国的最美，什么是中国真正的美。继第一辑十本书受到业界、读者的广泛好评之后，合肥工业大学出版社又趁势推出第二辑“物华灼灼”和第三辑“文质彬彬”，加在一起又有20本，这两辑丛书在第一辑相对比较宏大叙事的基础上，着力聚焦中华文化的细节之美，视角更为开阔，叙述更为细腻。无疑是值得期待的。

上个世纪初，北京大学校长蔡元培先生曾经提出过著名的“五育并举”教育方针，“五育”为：军国民教育、实利主义教育、公民道德教育、世界观教育、美感教育。其中，美感教育尤其有特色，蔡先生还以“以美育代宗教”的口号闻名于世。在蔡元培看来，美育是宗教的初级阶段，对于没有宗教传统的中国人来说，美育教育是一种基础，并且相对宗教，美育更安全，更普及，也更为人接受。通过美育，可以培育出道德是非的基础，培育出向上的力量。虽然蔡元培的这一观点引起过一番争论，但对于一个人来说，有美的熏陶，有对于美丑的正确判断，怎么都不能说是一件坏事。并且，美与是非，与善恶，与道德，与人类的心灵，与这个世界的根本，是联系在一起的。以对美的判断和感知为出发点，了解中国历史，了解中国文化，了解中国人曾经的艺术生活，了解一个民族的内心世界；从而进一步了解世界，了解世界的规律，与身边的一切做到和谐相处，都是大有好处的。

也许，这套书的意义就在于此。

【目录】

江苏

河南

浙江

安徽

山东

江西

湖南

福建

湖北

广西

（因本书部分图片未及向摄影者申请授权，祈盼宽谅；恳请有关作者见书后与我社联系，以便奉寄稿酬及样书。）

北　京

南锣鼓巷

月色在影壁的墙上　变得发白
府第的灰瓦被绿荫　覆盖
朱红门微微半开　淡如你的唇彩
隐约传来　你的声声感慨
雪地上留下了昨夜　无声徘徊
应该的对白只剩下　空白
简单的默默相爱　怎么样的意外
不知是谁　拆开两小无猜
多年以后的现在　徒留号牌依然存在
只是多些了尘埃　暗示　你会回来
多年以后的现在　看着天井上的青苔
可惜再也不能向你表白
许久前真实的过去　早已掩埋
可是我还是看不开　无奈
我站在巷口等待　给你一个交代
直到眼睛　再也无力睁开
只是多了些尘埃　暗示　你会回来
因你存在　不为自己精彩
只为和你　一起经历年代
没有了　那华盖　音容笑貌犹在　啊……
因你存在　一切长盛不衰

只为和你　相守永不分开
丝雀一代又一代
南锣鼓巷里　记载着　我们的爱　我们的爱
——《南锣鼓巷》词刊 2001 年 05 期　化方

午后的南锣鼓巷，窄胡同小巷，斑驳的树影，有阳光曝尘的味道，有轻风拂面的味道。

午后的南锣鼓巷，精致的店面，淡雅的灯光，创意的文字和商品，有小资的味道，有慵懒的味道，很适合慵懒的人。

午后的南锣鼓巷，人流刚刚好，很多店面还未开始营业，少了几分商业气息，可以随心所欲地按动快门，品尝美味的黄桃奶酪也不必排上长长的人龙。

午后的南锣鼓巷，阳光刚刚好，恰是晾晒物品和心情的好机会，无论是骑车叮当经过的路人，拄杖守望街口的老人，刚晾晒完衣物的妇人，还是看着售货车迷糊打盹的商人，都享受着午后悠闲的胡同生活。

午后的南锣鼓巷，有很多精彩的故事正在或即将上演，沙漏咖啡屋里，灯光摄像就位在即，马上有伶人粉墨登场；中戏实验剧院，话剧演个不停，天天有很多帅哥美女等你光临；12 平方米的小酒吧里，敢否在一台一凳里体验一次男与女的单身对峙？

短短的一条南锣鼓巷，却别有洞天，他们说，三里屯酒吧街是彩色的，什刹海酒吧街是暗红色的，而南锣鼓巷酒吧街，则是翠绿色的。

找一个午后，静心闲逸地逛逛北京的南锣鼓巷，寻觅、品尝、发现、观赏、享受、淘汰、参与，才会知道，原来在厚重的皇城里，也有如此平民、新奇、惬意的所在。

倘若不是午后，倘若没有阳光，也不打紧，雨潇潇，雾蒙蒙，烟雨朦胧中走街串巷，别有一番情趣与意韵，雨中的南锣鼓巷更显迷离、静幽、浪漫，令人更是想入非非。

南锣鼓巷一眼望去，树影婆娑里可看出很远。巷道两旁的平房，门脸虽然高矮不同，装修风格样式不一，但都刷了统一的灰色墙粉。南锣鼓巷为元大都时期形成，至今已有近800年的历史。长约千米的街巷贯穿南北，两侧完好地保存了元代对称分布的16条胡同的格局，其地势南北低，中间高，所以又称罗锅巷，是元大都遗留至今的城市形态中的活化石。

北京城以其悠久的历史、恢宏的旧城风貌和最大最完整的皇家宫殿名扬世界，而托起这座历史名城的根基就是一条条胡同和一座座青砖灰瓦的四合院，独特的胡同四合院风貌是这座古城的基础文化元素。北京最悠久、规模最大、保存最完好、资源最丰富、品级最高的胡同四合院就是位于故宫以北、中轴线东侧的南锣鼓巷地区。胡同，是北京特有的一种古老的城市小巷。在北京，胡同浩繁有几千条，它们围绕在紫禁城周围，大部分形成于中国历史上的元、明、清三个朝代。

南锣鼓巷地区与紫禁城近在咫尺，东邻交道口南大街，西拥什刹海，南接平安大街，北倚鼓楼东大街，占据中心城区黄金地段。狭长的胡同、方方正正的四合院、叠翠的绿树，相对于红墙金瓦的皇家文化，这里的灰墙灰瓦，简朴民风，呈现出另一种独特的民间色彩。南锣鼓巷拥有大量文物古迹、名人故居，是北京市首批旧城风貌保护区之一，被确定为皇城保护区缓冲区。目前共有可园、末代皇后婉容故居、僧格林沁府、荣禄及洪承畴、奎俊故宅等28处。这里的每一条胡同，每一个院落，每一砖一瓦，无不铭刻着历史的沧桑。

南锣鼓巷呈南北走向，东西各有8条胡同整齐排列着，从南向北，西面的8条胡同是福祥胡同、蓑衣胡同、雨儿胡同、帽儿胡同、景阳胡同、沙井胡同、黑芝麻胡同、前鼓楼苑胡同；东边的8条胡同是炒豆胡同、板厂胡同、东棉花胡同、北兵马司胡同、秦老胡同、前圆恩寺胡同、后圆恩寺胡同、菊儿胡同。巷子幽静而狭长，散落着30多家酒吧、咖啡屋和精品屋，这条隐藏在皇城脚下的老胡同，宁静而闲适。

南锣鼓巷酒吧街是一条酒吧胡同，也是北京保护最完整的四合院区，整条酒吧街以四合院小平房为主，门前高挂小红灯笼，装修风格回归传统，朴实、自然，并忠实于四合院的那种氛围和格调。这里让人感受最多的就是那种幽静曲徊、高树矮墙的湿润着的雨中胡同气息。而那些陈旧的砖墙、时尚的装饰、大红的灯笼、古朴的大门，都能带来一份深厚的怀旧情绪。与三里屯、后海不同，这里的酒吧大多比较安静，地处闹市却远离闹市的喧嚣，闹中取静，更贴近于生活。一些卖烧饼油条的小店和装修得特立独行的酒吧在这个胡同就是天生的邻居，带红箍的居委会大妈和中戏打扮精致的女生也就像天生相处在一起一样，显得是那么和谐、融洽，是一个适合人们安静地发呆，任凭时光默默流逝的好地方。

每一个走在小巷的人，也许都在怀念着过去吧，都会情不自禁地被一个个标新立异的小店店名所吸引：左手右手、单眼皮、小新的店、窗外、东堂客栈、过客餐吧、火山人、吉他吧、呾摸、小门墩、遇见时光、金枝、老伍、恋云南、楼上的拉姆、锣鼓洞天、沙漏咖啡和天下，等等，让人一愣神之际，玩味半晌。

这就是南锣鼓巷，宁静、快乐、舒适，充满市井生活气息。

国子监街

夏季的北京，已如皇宫殿宇上的琉璃瓦被太阳晒得金碧辉煌，而位于安定门内大街路东的国子监街上却绿荫如盖。夹道的参天古槐，绵延伸展的红墙灰瓦，悠闲漫步的路人，间或落地觅食的小鸟和弥漫在整条街上的淡淡香火味，让人步入其中便开始情不自禁地追溯起那些悠远的历史记忆。

国子监：恢弘雅静的皇家大学

东西贯通的国子监街全长 680 米，宽 12 米，早在元代就已形成今日的规模，距今已有 700 多年的历史。1965 年北京整顿地名时，因古代最高学府国子监在此而称国子监街。在这条街的两侧入口处和中间，矗立着四座完整的过街牌楼。街东西两头的牌楼是街牌楼，题匾为“成贤街”，国子监大门两侧的牌楼，则是为国子监特意修建的，上题“国子监”。阳光下，五彩的牌楼和斑驳的树影交相辉映，使整条街更添几分古色古香的韵味。

街边，几个白色见方的石墩子颇为引人注意，这是古代专门用来下马的石礅。在国子监牌楼东边立着的两座汉白玉下马碑上，用满、汉、蒙、藏、回、托忒六种文字刻着“官员人等至此下马”的字样，让人还未走近，就已深深感受到它的庄严和神圣。

国子监坐落在街的北侧，东侧紧邻孔庙，由持敬门相通。两组建筑群形成“左庙右学”的格局，这正是大一统的封建王朝尊孔崇儒的真实写照。

始建于元朝大德十年（1306 年）的国子监，是我国元、明、清三代国家管理教育的最高行政机关和国家设立的最高学府。整体建筑坐北朝南，中轴线上分布着集贤门（大门）、太学门（二门）、琉璃牌坊、辟雍、彝伦堂和敬一亭。东西两侧有四厅六堂，构成传统的对称格局。

跨入太学门的一瞬间，一片青碧映入眼帘，一股幽静沁入心脾。见方的院落里，脚底是蜿蜒的石径和绿意盎然的青草，头顶是繁密如盖的树枝树叶。身旁一株株古槐树展示着自己苍老而遒劲的树干，又用缠绕上攀的青藤炫耀着自己依旧蓬勃的生命。其实，国子监里遍植槐树是有特殊意义的。自周代起，就有“面三槐，三公位焉”之说，即在皇宫大门外种植三棵槐树，分别代表太师、太傅、太保的官位。古人所谓“登槐鼎之任”，即三公之位。所以在我国封建社会里，人们就把槐树视为“公卿大夫之树”。在国子监里广植槐树，喻示着监生们可以考中高官之意。

透过琉璃牌坊的拱形门，国子监里最具标志性的建筑辟雍已依稀可辨。虽然红墙黄顶的琉璃牌坊已可算得上华贵典雅，但比起辟雍大殿来，也只是烘云托月的感觉。端坐于国子监正中的辟雍大殿，曾被梁思成先生誉为与故宫三大殿、天坛祈年殿、颐和园仁寿殿并列的六大宫殿之一。“辟雍”一词源于古代天子讲学之处，《诗经》中就有“於论鼓钟，於乐辟雍”的诗句。从形制上说，辟雍应是四周环水的殿堂。元、明两朝，皇帝讲学在国子监的彝伦堂举行。风雅慕古的乾隆帝登基后，提出建辟雍以实现真正的天子“临雍讲学”之盛况。乾隆四十八年（1783 年），正式兴建辟雍，第二年冬竣工，历时一年。辟雍采用重檐四角攒尖顶建制，四面开门，设台阶六级。四周环绕水池，并以汉白玉雕制石栏。从空中俯视，整个辟雍犹如一块玉璧镶嵌在碧波之中。公元 1785 年春，乾隆帝为纪念自己登基 50 年，在国子监举行了规模盛大的“临雍讲学”活动。至今，殿内还陈设着当年乾隆讲学用的御座、御书案及题写的匾额等珍贵文物。驻足于辟雍之中，仰望高耸的殿顶，环顾四周的殿壁，会不由自主心驰神往，仿若化身成一名监生，耳旁萦绕着洪亮的讲学之声，知识和学问变幻成舞动翅膀的精灵，从四面八方钻入身体，充溢血液，让人顿觉醍醐灌顶的通透之感，身体也轻盈起来。

孔庙：肃穆雄伟的祭祀庙堂

比起国子监作为中国古代教育体系中最高学府所独有的雅静，一墙之隔的孔庙则显得庄重肃穆了许多。孔子首创私学，一生从事教育事业，被后世尊称为“万世师表”。当儒家思想被奉为圭臬后，孔子也就被推崇为教育始祖奉祀在国家的各级学校内。北京孔庙是元、明、清三代皇家祭祀孔子的地方，又名“先师庙”，元大德六年（1302 年）创建，明清重修并扩建。正门“先师门”仍保留着元代的建筑遗风，斗拱硕大稀疏，朴拙简洁。门内院落共有三进，中轴线上的建筑从南向北依次为大成门、大成殿、崇圣门及崇圣祠。

站在富丽宏伟的大成门前，东西两侧颇显沧桑的石碑却更引人注目。这些石碑是元、明、清三代进士题名碑，共 198 通，上面刻有 51624 名进士的姓名、籍贯和名次。只是由于风雨的侵蚀，原本镌刻着荣耀的石碑已没有了昔日伟岸的身躯，碑身上爬满裂纹和水痕，许多年代久远些的石碑甚至变成了无字碑。

在苍松古柏和金顶红墙的映衬下，灰白的石碑不得不显出作别历史的无奈，人们只能通过它们身旁的注解牌，才能了解那些名字背后的故事：广东状元（本科）黄士俊因家境贫寒，34 岁去赶考时，仅被岳父用两个鸭蛋就打发了。为此他以《鸭蛋》为题写了一篇嬉笑怒骂的文章送给岳父。后来他发奋读书，终于科场夺魁，被人称为“鸭蛋状元”。传奇人物刘墉殿试时被乾隆皇帝要求以自身为题，吟诗一首。谁知刘墉才学过人，随口吟道“背驼负乾坤，胸高满经纶。一眼辨忠奸，单腿跳龙门。丹心扶社稷，涂脑谢皇恩。以貌取才者，岂是贤德人”。说得皇帝哑口无言，本欲除名，反而被定为二甲。明万历二十九年辛丑科状元张以诚，高中前曾是内阁中书徐日琨的债户，一天徐家仆人讨债将张以诚带回，竟被徐日琨看中其相貌和才学，于是将小女许配给张，张以诚欠债竟欠出个媳妇……穿行于碑林之中，一个个传奇的故事会让你目不暇接，虽然人们已很难拾起那些有关科举制度的历史记忆，但那斑驳的石碑让我们看到了科举制度曾经登峰造极的状况，那石碑上刻下的分明就是一个个挑灯夜战、凿壁偷光的鲜活生命。

穿过大成门，一片苍翠之后便是大成殿。大成殿是孔庙第二进院落的主体建筑，也是孔庙内最神圣的殿堂，它始建于大德六年（1302年），后被毁，明永乐九年（1411年）重建，清光绪三十二年（1906年）该殿由7间扩建为9间。其规制是我国封建社会的最高建筑等级，堪与故宫太和殿媲美。整座建筑雄伟壮丽，既有皇家的气派，又有庙宇的雄伟。大殿门前“万世师表”四个金字耀眼夺目，表达了从古至今，从天子到平民对孔子的无限崇敬之情。殿中供奉着孔子“大成至圣文宣王”木牌位，神位两边设有配享的“四配十二哲”牌位。神位前置有祭案，上设尊、爵、卣、笾、豆等祭器。据载，古时每逢祭孔大典，这里便钟鼓齐鸣，舞乐升平，仪仗威严。不少游客持香进殿，跪拜在孔子的牌位前。弥散的烟香里，一个个对后世子孙学有所成的美好期望，在大成殿空旷的殿顶飘摇回荡。

国子监街：浓缩千年儒家文化

国子监随着科举制度的消亡完成了自己在管理教育和培养人才方面的历史使命，但人们对教育的重视，对孔子教育思想的尊崇，历经千百年也没有改变。辟雍四周的汉白玉石栏上，许多游人将写有姓名和“五子登科”“状元牌”“金榜题名”等字样的红色木牌挂于其上，希望能沾染一点皇家大学之气，以便顺利迈入自己心中的高等学府。孔庙里，每一批前来游览的人，都可以学习古人的祭拜礼仪，在由埙、琴、笙、编钟共同奏响的仿古祭祀音乐里，向圣人孔子鞠躬行礼。一代代读书人曾经在国子监里追逐着“为天地立心，为生民立命，为往圣继绝学，为万世开太平”的理想，他们或者独善其身，或者兼济天下，他们拥有治国平天下的学问，恪守着修身齐家的誓言……昔日琅琅书声绕梁不绝的国子监，正是作为传承文化的缩影，成为今人去感受、聆听古人思想的一个地方。只是在今天，古韵悠扬的国子监需要承担更为丰富的历史使命，它不仅凝固着一段数百年的漫漫科举之路，凸显着昔日国学文化的辉煌，而且传承着儒家文化的经典。

而今，走在国子监街上，你会不由自主地被周边浓郁的国学氛围所感染：国子监中学开设了国学部，每周举行国学大讲堂；叙香斋素食馆里的服务员会背诵《弟子规》；老外开的咖啡馆挂上了《论语》等国学著作；在西口的一个大杂院，居民们还挂起“圣人邻里”的牌匾……

绵延 700 米，年长 700 多岁的国子监街就以这样的方式续写着自己悠长的故事。

烟袋斜街

碳素画的烟袋斜街脉络清晰
水彩画的烟袋斜街是流淌的梦境
油画里的烟袋斜街温暖而厚实
照片里的烟袋斜街亦真亦幻

——徐炼

汪曾祺先生说："北京城像块大豆腐，四方四正。城里有大街，有胡同。都是正南正北正东正西。"烟袋斜街作为一条不正的街在老北京城属独一份儿，便成了稀罕地儿。

打元大都始，烟袋斜街就在经纬线组成的"汗八里"（突厥语，意思是大汗之居处）城里落下了脚。在明朝《京师五城坊巷胡同集》里，它被称为"打鱼厅斜街"。乾隆年间，它是"鼓楼斜街"。到了清末，成了烟袋斜街。

烟袋斜街位于鼓楼前脸儿，什刹海前海北侧，东起地安门外大街，西至小石碑胡同与鸦儿胡同相连，为东北西南走向，全长 232 米。

烟袋斜街的得名，来源有二。一是说清末，住在北城的旗人大都嗜好抽水烟或旱烟，烟叶装在烟袋中。烟袋斜街上有多家名震老北京城的出售烟袋的商铺，大都是高台阶，门前竖一个木制大烟袋当幌子，黑色的烟袋杆儿，金色的烟袋锅儿。尤其是"双盛泰"烟袋铺，门前竖着的木雕大烟袋，足有一人多高，粗如饭碗一般，金黄色的烟袋锅上还系着条红绸穗，十分醒目，称得上是北京同行业中的头号大烟袋了。久而久之，烟袋斜街便得了名。

二说是因为烟袋斜街形似烟袋，细长的街道好似烟袋杆儿，东头入口像烟袋嘴儿，西头入口折向南边，通往银锭桥，看上去活像烟袋锅儿。

还有的老北京说，这烟袋斜街更像是一根扁担，一头挑着沉甸甸的钟鼓楼，一头挑着水灵灵的什刹海。三点一线，构成人文景观：钟鼓楼威严，什刹海委婉，烟袋斜街诙谐。这就是另论别说了。

烟袋斜街曾经是条贵族街。有史可考，斜街最繁盛红火的时间是清同治光绪年间。斜街上除烟袋铺外，还出现了古玩、书画、裱画、文具及酒楼等行当。古玩、字画都是需要有家底的人才能赏玩得起，平民百姓一般不会涉足，而鼻烟也是八旗子弟和富商们的雅好。至于彼时斜街上的会贤楼、庆云楼，按今天的说法，是高档的馆子，普通百姓只能闻香而过。作为佐证的还有，清末最早的西服裁制店也出现在烟袋斜烟上。宣统皇帝溥仪的老师、英国人庄士敦住在今天地安门油漆座胡同1号，属烟袋斜街商圈，庄先生的西服或就在此地裁制而成。

斜街的平民化是在辛亥革命清廷退位之后，居住在什刹海附近的王公贵族、八旗子弟失去了俸禄，又肩不能扛手不能提，于是纷纷开始变卖古玩字画，这使得烟袋斜街古玩行当大兴，开始的古玩交易不过是晓市，即一些摊贩在天明之前的营生，渐渐的，慢慢产生了坐商，一些正规的经营古玩的宝文斋、敏文斋、绣古斋、抱璞山房等纷纷落户斜街。当时溥仪还在故宫，仍然使用宣统年号，也有宫里的太监在地安门开设古玩店，货源都是盗取宫内。那时老北京一提“小琉璃厂”便指此处。

自清末至民初，烟袋斜街内的店铺，各阶段变化很多。洪吉南纸店、公和魁清真饽饽铺、鑫园澡堂是老北京人的回忆里较深刻的店铺。鑫园澡堂门外西侧原有座龙王庙和一口元代古井，现在都已寻不着踪迹。黎光阁裱画铺，开业于清光绪三十年（1904年），是斜街上知名度最高的裱面店。裱画料精、工细，画家溥心畬、齐白石及一些名收藏家常来光顾。技师王殿俊，技术极高，后来还专门仿制清宫如意馆臣字款的画及手卷等，当时鉴定家称为“后门造”。

在岁月的漩涡里，烟袋斜街像银淀桥下历经磨难的鹅卵石，岁月赋予了它灵性和血脉。它见证过繁盛，见证过衰败。如今，祖先的传说已渐行渐远，迁客骚人如白驹过隙，都被时空的风吹得无影无踪，烟袋斜街依旧矗立在什刹海边。

“后海波寒柳雾浓，一根烟袋点残阳。银桥可载西山重，老店犹飞爆肚香。梦落鼻壶闻烂醉，运抵瓦巷转悠扬。斜街更比烟竿短，几步明清岁月长。”

现在的烟袋斜街，游人如织。西餐厅、咖啡屋，新的文化装点了整修一新的斜街。夕阳西下，到了掌灯时分的烟袋斜街散发着浓浓的人间烟火味。北京城以宽阔、庄重、横平竖直的街道闻名于世，谁知，斜刺里钻出一条热闹繁华的斜街来，那样地不拘小节，那样地顽皮活泼，那样地充满世俗情趣。

上　海

多伦路

犹如上海这座城市的千种风情，多伦路于不同人眼里的风情也是不同的。

这条以英国传教士窦乐安为旧名的小路，淡妆素颜，阅尽人间冷暖，犹自不动声色。

一个多世纪来，上海走过了从开埠时期的沙船渔村到20世纪30年代的十里洋场直至形成今日东方大都市的沧桑历程，多伦路及其周边地区从一个侧面集中地展示了这个历程印迹和文化缩影，其间，鲁迅、茅盾、郭沫若、叶圣陶等文学巨匠及丁玲、柔石等左联作家的文学活动，铸就了多伦路“现代文学重镇”的文学地位，而闻名遐迩的公啡咖啡馆（遗址）、鸿德堂，风格各异的孔（祥熙）公馆、白（崇禧）公馆、汤（恩伯）公馆更使多伦路成为海派建筑的“露天博物馆”；从瞿秋白、陈望

道、赵世炎、王造时、内山完造到景云里、中华艺大、上海艺术剧社，名人故居、海上旧里，积淀成今天多伦路上浓厚的文化气息，使人流连忘返。

多伦路南傍四川北路商贸闹市，北邻鲁迅公园、虹口足球场，背靠内环高架、轻轨明珠线，动静相间一里有余。多伦路路长不过550米，却以众多的博物馆、展览馆、古玩字画、书屋文苑、茶室画廊成为国内外宾客怀旧休闲、旅游观光、文化消费的好去处。

微风的春日，从欧洲风情的“海上旧里”牌坊漫步进去，多伦路就在眼前了。

现代艺术风格的雕像散落在多伦路上，郭沫若先生正端坐在石椅上，内山先生以谦恭的姿态欢迎着每位顾客，而鲁迅先生，与几位青年朋友在谈论着什么，国民性？黑屋子？黑暗的闸门？救救孩子？总之，各个话题都值得一谈。有意思的是，郭沫若先生清癯的面容旁边，有一张更加沧桑的脸，原来是一位逛累了的大爷，同郭先生挨在一起坐在石凳上休息呢。

幽静的多伦路上，欧式的建筑杂糅在周围的旧式石库门民宅中，形成了一种典型的上海中西合璧的文化魅力。而在街边沏茶下棋谈天的老翁们，偶尔会出现的街头乐手，使多伦路成为一条洋溢着家常温暖的小街。

不知不觉间走进了一个小弄堂，有意外的惊喜。房屋虽然略显破旧，但保留下来的是时光的痕迹。残破的水泥墙，本色的砖墙，零乱的电线和铁栅栏，还有木门，让人看到的是上海的另一个侧面，隐藏在喧嚣与匆忙之下的宁静。随意晾晒的衣物，随意堆起的啤酒瓶箱子，随意停放的自行车和摩托车都让巷子增色不少。很多年前在墙壁上留下的字迹都还隐约可辨。从未想过老上海的风景，也会如此迷人。或许这样不加修饰的模样，是多伦路本真而美好的所在。

曾作为孔祥熙寓所的西式洋楼建于1924年，这座建筑具有伊斯兰风格的券柱形式与阿拉伯纹案雕刻，彩色贴面组合的单元式构图成为它最显著的特征。白崇禧故居“白公馆”整个平面成凸字形，四根白色的巨柱为变形的科林斯式，白色巨柱雕刻精致。这里，曾给幼年的白先勇先生留下童年的美好回忆。

景云里是多伦路上非常具有特色的老式石库门楼群，曾被称为“上海第一里”，也曾是20年代上海总工会所在地。走进弄堂，可以看到在门口拣菜的老人和洗马桶的妇女，生活一如平常。然而，当你细看门牌，会发现不少门牌旁的纪念牌：11号住过茅盾、冯雪峰、叶圣陶，23号住过柔石……还有鲁迅。景云里的居民对于那段历史都非常自豪。

夕拾钟楼楼名取自鲁迅先生的名著《朝花夕拾》，位于多伦路的中段，是多伦路上的标志性建筑，钟系青铜铸造。

左翼作家联盟的旧址深藏在多伦路的一条弄堂里。这幢三层楼的小洋房当时是陈望道等创办的中华艺术大学，1930年3月2日，中国左翼作家联盟在此召开成立大会。在楼上的“左联”展馆里，你可以发现，“左联”的成立使得中国现代文学在“五四”新文化运动之后进入了一个新的发展阶段，培养出大批文学青年投身革命之中。阿英的《夜航集》、茅盾的《子夜》、鲁迅作序的《丰收》……从 1930 年到 1936 年，7 年不到的时间，480 多个盟员、上百部作品，显示出了“左联”在中国文学史和中国革命史上的分量。

尤其喜欢有着中国建筑风格的基督教堂鸿德堂，屋顶采用中国传统的斗拱飞檐结构。从外面看，教堂平面呈长方形，两层，因上层中厅高出两边侧廊，故外观似 3 层。底层设小厅，还办了修德小学，二层为礼拜用大厅，主楼建筑面积为 700 多平方米。入口处为方形钟楼，屋盖为四方攒尖屋顶，房屋外墙青砖砌筑，并有仿木构架的红色水泥圆柱，檐下绘重彩画。建筑外貌为中国宫殿风格，局部处理则中西杂糅。

还有一幢日本近代西洋式的三层小楼，无论是一楼墙上悬挂的周璇、胡蝶等昔日明星的靓照，门边摆放的手摇式留声机，还是二楼清末民初的桌椅、老式收音机、古典精美的欧式座钟和 8 毫米的德国默片放映机，以及三楼贴满“老申报”的泛黄墙头，都完美地充当了怀旧的道具，将你的思绪拉回老上海，仿佛时光倒流了 70 年。

在多伦路上走累了，可以在咖啡馆里面小坐，看着窗外的弹格路，仿佛能看到鲁迅、茅盾、郭沫若、叶圣陶等文学巨匠及丁玲、柔石等“左联”作家活动的身影。

因着厚重的历史和文化的积淀，多伦路独特的“慢”节奏使都市里的人们能够短暂脱离如地铁站电动扶梯般的节奏，呼吸着那里氤氲的怀旧气息，体味慢慢地活一天的奢侈感觉。

天　津

五大道

天津卫的每一点滴都可谓山高水长，更何况充满传奇色彩的五大道。

五大道在天津中心市区的南部，东、西向并列着以中国西南名城成都、重庆、常德、大理、睦南及马场为名的五条街道。天津人把它称作“五大道”。这里汇聚着英、法、意、德、西班牙等国各式风貌建筑230多幢，名人名宅50余座。这些建筑形式上丰富多彩，有文艺复兴式、希腊式、哥特式、浪漫主义、折中主义以及中西合璧式等，构成了一种凝固的艺术。

五大道而今的文化含金量似乎愈来愈高。对于天津人来说，它不再被视作过了时的昔时遗物，相反渐渐成了此地的一种城市标志，甚至升华为一种骄傲了。其实这一变化，正符合文化生成的规律。一般事物，在现实状态中以应用价值为主；在进入历史状态后，文化价值便显现出来。事物的文化价值是一种认识价值。当它定型于历史，其内在的象征着那一历史时期种种特征的文化意义，才会被一点点发现和认识出来。

在19世纪末20世纪初时，五大道地区还是天津城南一片坑洼塘淀。在这片荒芜的土地上，散落着一些窝棚式的简陋民居，当时有“二十间房”“六十间房”“八十间房”等似是而非的地名。

1860 年 12 月 17 日天津英租界开辟，五大道地区被划为英租界。

1911 年辛亥革命后，许多清朝皇亲国戚、遗老遗少从北京来到天津租界寓居；另外许多富贾巨商、各界名流、红角、北洋政府时期的要人也曾在此留下过足迹。他们把天津视为建立公馆和别墅的理想地点，因为天津靠近他们居住的京城，交通甚为方便。一些北洋政府内阁包括总统、总理、总长、督军、省长、市长等各界名流人士百余人，下野后在此寓居，力图东山再起。五大道成为“国中之国”是因为社会与朝政更迭变幻，租界成了政治的避风港，而且天津得地理、交通与海关之利，充满了商机。各种要人及富人涌入津门，一为安全，二为立业发财，三为了住进设施齐全的小洋楼。五大道地处英租界的黄金地段，人们便争相置地建房，毗邻而居，因此这一带就成了天津名副其实的富人区。

从 1919 年至 1926 年，在这七年间，英租界工部局利用疏浚海河的淤泥填垫洼地修建道路。英商在佟楼“养牲园”一带修建别墅和赛马场。此后在马场以东修了一条连接英租界墙子河的马场道。马场道 121 号小洋楼，原为英侨学者达文士居住，称“达文士楼”，这座典型的西班牙花园别墅，是五大道上最早的建筑。

1922 年，重庆道建成，当时名爱丁堡道、剑桥道。

1929 年，大理道、睦南道、常德道、重庆道、成都道先后建成；但当时却被命名为英国街名——大理道当时叫新加坡路，睦南道当时叫香港道，常德道当时叫科伦坡道，重庆道当时叫爱丁堡道，成都道当时叫伦敦路。

其实，“五大道”并非一个正式的地名，只是流传甚广的俗称。它坐落在和平区体育馆街，地域范围是马场道以北，成都道以南，西康路以东，马场道和南京路交口以西。五大道地区作为天津租界市政园林和民居建筑的典型代表而别具特色——第一，它形成了姿态万千的西式建筑群体景观；第二，建筑的私密性构成了深幽寂静的街市风格；第三，近代许多政客买办、达官显贵居于此，使五大道成为近代名人荟萃之地。

有人说，天津是个寂寞的城市。小洋楼的繁华与热闹似乎随着袁世凯北洋时代的结束，也慢慢归于沉寂。表面上看，天津在中国的直辖市中是最没有特点的一个，既缺少北京那种宏伟大气的庄重，又没有上海那种城开不夜的繁华，也不像重庆那样山重水复，诡谲多姿。

但如果静静地融入天津，也许是另一种体会。至少，天津很有味道，当然，这种味道不仅仅只是香喷喷的狗不理包子和说学逗唱的相声，比如，天津五大道的小洋楼。小洋楼之于天津就像埃菲尔铁塔之于巴黎，既被现实的阳光抚摩着又被历史的枝叶覆盖着，但城市的性格、气质、喜悦和忧伤都烙在这个建筑的皮肤上了。如果不看看小洋楼，你就永远无法洞悉天津。小洋楼让天津变得很洋气，这种洋气更多地蕴藏在偌大的城市空间之中，汇聚于精美的建筑符号里。

天津人对于“小洋楼”有些特别情怀，因为许多小洋楼是天津的骄傲也是天津的耻辱，这些建筑弥漫着欧陆的风情，记述着时代的风雨和历史的变迁。像上海的外滩、青岛的红瓦绿树，天津的外国建筑同样独树一帜，在这些构造奇特的建筑里，百年风云中，仁人志士、军阀官僚、阔佬遗少、三教九流演绎了多少历史故事。

漫步在五大道建筑区里，不需要太多的建筑知识，也可以说不出每一座建筑的风格样式和艺术底蕴，更不用理论来描述和思考它们，只需沉浸在这片风景中细细缅怀。人，是需要思考的。人的衍变，是承受了思想的力。城市，也是需要思考的。城市的衍变，承受了历史的力。

那一座座久远而精致的建筑，仿佛在讲述着时代的沧桑。在这里，有着颇具特色的饭馆，有着异国情调的酒吧，但一切，似乎都与历史有着扯不断的结。置身于五大道，似乎到了另一个地方。这些小洋楼几乎都有着数十年至一百年历史，建楼的主人们，多半已不复在，可是，有的小洋楼却以主人们的名气和轶事引起当代人浓厚的兴趣和遐想。马场道与河北路交界的“疙瘩楼”，是京剧名角马连良的故居，还有溥仪住过的张园，清代太监小德张的公馆，孙传芳、曹锟、徐世昌、顾维钧等一大批北洋军阀、军政要人公馆的旧居，以及文化医学界名人严修、方先之、范权的宅邸等，每一座旧宅，都被蔓藤缠绕着，在日暮的夕阳照射下，映出淡淡的青黑色的光……

重　庆

磁器口

对于重庆的印象，一直停留在美国《生活》杂志摄影师 Carl Mydans 那些经典的黑白照片里。那是 1940 年的重庆。空袭随时发生，大雾长时间地笼罩着长江与嘉陵江边耸立的不同形状的山，江边的吊脚楼，黄包车夫和滑竿，永远在向上的阶梯，这样的碎片组成了一个模糊的山城。

时隔 70 年，站在磁器口宝轮寺的最高处，眼见着嘉陵江水从眼前流过，人们震惊于历史的倏忽而逝，那些旧日岁月的烟尘，它们飘向了何处？

1

磁器口始建于宋真宗咸平年间。在民间传说中，那个被叔叔夺了皇位的明王朝建文帝，在没入民间后曾在此地的宝轮寺避隐，此地因而易名为“龙隐”。作为嘉陵江边重要的水陆码头，这里在明朝曾有过“白日里千人拱手，入夜来万盏明灯”的繁华写照，在清初因转运青花磁而得名磁器口。

1891 年重庆开埠，后于抗战时期成为陪都，使重庆逐渐发展成为长江中上游的经济中心，川江航运成为进出川物资的主要通道。战时，嘉陵江中上游各州、县和沿江支流的农副产品均在磁器口中转集散，重庆城的一些大客商亦在码头设店收购。在兵荒马乱的年月，磁器口成就了作为大后方的繁荣，计有商号、货栈和各种作坊达 1670 多家，摊贩

760 多户。每天都有 300 多艘货船进出码头。水运的昌盛带动了大量以航运及相关产业为生的人员的往来和定居，磁器口由此万商云集，繁华一时。

千年来，磁器口浓郁纯朴的古风不变，石板街不变，兀自奔流的嘉陵江水不变，使其成为大时代下日新月异的重庆市区里可以凭吊历史的所在，江州古城的缩影和象征。

2

磁器口的建筑兼有川东民居和吊脚楼的特色。

重庆属于川东，川东民居一般为小青瓦屋面、大出檐、白墙，穿斗式木构架，柱间采用夹板墙或竹笆壁组成混合墙，地板采用石板，立柱置于石基和条石上。川东的四合院住宅往往屋顶相连，遮雨防晒，宅出檐及悬山挑出很大，不仅使得屋前有回廊，也使得墙体避免雨淋。在磁器口，街道两边的街道就是典型的川东民居特征。

另一方面，磁器口作为码头所产生的是具有重庆特色的吊脚楼建筑。以码头为中心，大量城市中下阶层居民为求栖身之地，不断在靠近码头的沿江两岸搭棚造屋。为了适应陡坡地形，减少土石方工程量，沿江的民居多采用既保持坡地地貌，又可扩充用地空间的吊脚楼形式，并逐渐形成了高低错落、起伏跌宕的吊脚楼建筑群。

在磁器口，如果沿着山势向上攀，尤其是在一些游人行迹较少的背巷，你可以发现一些历经岁月洗礼的吊脚楼，或有些破败，但却依稀可见时代的印记。

宝善宫教育博物馆、钟家院古宅和宝轮寺是磁器口不可错过的地方。宝轮寺背倚白岩山，面对嘉陵江，虽因战乱或兵燹而毁去泰半，仅存大雄宝殿，但其建筑之雄美无论是从歌乐山上俯视还是仰望于江面浮船之上，都令人油然而生肃穆庄严之心。想来，其在千年岁月里的存在，是如信念的灯塔，给予了在江里淘活的渔工们以安全返家的许诺，如同妈祖之于出海的渔民。那些不同朝代缭绕于香炉的香火里，该有多少祈祷家人平安的虔诚的祝词？

3

在磁器口，若想度过一个美好的下午，参观之余，最好的去处是茶馆。

或于僻静的巷子里寻一家茶馆，坐在窗槛边看攀援的爬山虎藤蔓，徐徐地饮着茶，发会儿呆，看会儿闲书，听会儿闲聊，于是成就了浮生里美好的半日悠闲记忆。

若喜欢热闹，可以在热门的金蓉正街找家茶馆。看茶保用长长的壶嘴帮你斟茶，在你正惶恐那茶水或要喷溅而出时，那水却不偏不倚地斟入了盏中。就着热茶，吃着那陈麻花家新鲜出炉的麻花，听着评书，看着川剧，俯瞰熙熙攘攘的人群，也是人间一乐。

最妙的是在江上泊着的茶楼上品茗，拍着船的扶手，迎着江风，在微醺后，完全可以击节而歌：大江东去浪淘尽，千古风流人物……

人生如梦，莫如在磁器口，一樽还酹江月。

山　西

平遥南大街

平遥南大街，号称“中国的华尔街”。它当之无愧。

平遥南大街始创于咸丰六年（1856 年），又称明清街，是平遥古城对称式格局的中轴线。南大街北起东、西大街衔接处，南到大东门，以古市楼贯穿南北，是平遥古城在明清时期最繁华的商业中心，也是平遥古城历史文化遗产的精华之一。现在，南大街整条街道保留着完整的传统格局和独特的历史风貌，街道两侧现存有大量百年以上传统老字号和古民居建筑。清朝时期南大街控制着全国 50% 以上的金融机构，被誉为中国的“华尔街”。

南大街全长 690 米。明代中叶，平遥商业逐步繁荣昌盛，南大街商业已成规模，密排着 78 家店铺，鳞次栉比，多为前店后寝式的四合院或多进院，院的临街铺面多为双坡硬山顶，装修豪阔，雕饰精美。清代

商业鼎盛时期，店铺种类更是发展到包含了各种行业，盛极一时。

南大街位于古城中心，古城以南大街为中轴线，遵循“左文庙、右武庙、左城隍、右县衙”的格局。所以南大街是全城的脊梁，是当年商业最繁华的街道，包含了多种行业：钱行、当铺、油业、粮行、木器行、货栈旅店、麻布行、颜料行、肉行、烟业、鞋帽业、漆行、花店业等。而今街道左右两旁依然店铺林立，当年有名的百川通票号、协同庆钱庄、黄酒老字号“长昇源”、绸缎庄“长泰永”等店铺的旧址依然伫立，并已成为供游客观光的景点。

南大街重商云集，招幌如林，繁华市井，其美如歌。而市肆的建筑序列及商业文化构成了一曲完美的三晋交响乐章——

序曲从南瓮城脚下响起，在兴国寺门前出现了明快的节奏。久享盛誉的老字号——萃成海炉食铺，生意依旧兴隆；奉祀风俗神的二郎庙香火旺盛；纸扎作坊里花样繁复；盛极一时的魁泰烟店红红火火。一座座朴素的铺面，容融着贴近人们生活的多种行业，组成了人生音韵的和谐旋律。行进到鸡市口时，街道纵横，四通八达，商家的台阶高筑，店面豪华，百业具臻，异彩纷呈，人流不断，车水马龙，一派沸腾景象，奏响了市肆的强音。

重建于清康熙年间位于大街中心地段的市楼，当年起着管理整个市场的作用，如今也是全城的中心和制高点。世传市楼为一方胜景，因楼南有井一口，“井内水色如金”，故又称“金井楼”，为清代建筑，三重檐歇山式楼阁，通高 18.5 米，屋顶施彩色琉璃瓦，并相间拼凑为南“喜”北“寿”字样，吻兽、仙人烧造精巧，工艺极高。整座市楼，端庄秀美，装饰富丽堂皇，几百年来，雄踞城中，可远眺山河之壮丽，俯临街市之繁华。

“百川通票号”旧址，坐落在县城南大街路西，居西向东，南北侧与铺面相靠。票号创建于咸丰十年，资本 116 万两白银。东家是祈县人渠源祯，分号遍及省外，是清代有名的票号之一。旧址整体布局严谨、对称、封闭，经营性与民居气息并存，结构错落有致，院院串通，房舍上下可达。前后三进院带偏院，占地总面积 1300 余平方米，院院布局成北方地区典型的民居式，大小厅房 50 间。票号装修考究，用料较大，内容丰富，艺术品位高。有匾书“百福”、“百寿”，窗棂奏“桃榴”、

“蝙蝠”、“寿”字“灯笼景”，鼓石雕戏剧人物故事，晚清风格明显。

“协同庆钱庄”旧址，位于城内南大街路西，北与长昇源字号毗邻，建于咸丰六年，财东王栋，榆次聂店人，资本三万余两，四年一帐，公积金至四十八万两。协同庆是古城后起之票号，实力较强，规模较大。旧址布局严谨，上下错落，搭接结构紧凑，平面呈“厂”状，结构风貌既庄重又隐秘，却又不失传统建筑风格和钱庄功能作用。前后四进院，前院、中院坐西向东，后院坐北向南。门厅五间兼作铺面，中间木板分隔上下二层，双坡硬山瓦顶，装修大致原貌。四柱垂花门楼今不存。过厅五间硬山顶式。其余厢房正房，耳房大小 25 间。后院随地形高低变化，筑成下窑上楼，上楼正房五间，开间较大。前建一天桥，上座一木结构卷棚式亭，可四处观望，上下呼应。左右配以厢房、耳房。桥下建一沉院，院内窑洞 6 间，墙壁较厚，门窗较小，安全封闭。整户院落，结构别致。

黄酒老字号“长昇源”旧址，地处县城南大街路西市楼脚下，是一处明清风格铺面。“长昇源”原名聚盛源，创建于明代崇祯年间，东家是明代举子赵聚贤，平遥城人。清时，此号酿造黄酒，制作炉食，号称“炉食黄酒铺”，闻名全国。史载光绪二十六年（1900 年）农历八月十二日，慈禧太后由京迁往长安曾宿古城平遥一夜，晚宴赵举人特地献上黄酒、牛肉，太后饮尝赵府黄酒后，甚感风味清长，顺便询问酒店名号，御赐一个“长”字，至此改“聚盛源”为“长昇源”。字号前后二进院，规模不大而完整。临街铺面七间，明间开门，上下两层。正中是窑洞三间带前廊，明式结构。左右厢房各三间，前檐较深，是一处典型的四合院民府铺面。

在这物华大宝、人杰地灵的黄金地段上，诸如同益庆、魁成裕、崇丰厚、协顺隆、永隆号、长泰永、兴隆信，以及后期的义聚恒、瑞丰祥等名号老店，都是商战中的强手，因它们创立过非凡的业绩而声名洋溢。晋商的颂歌相传世代而不衰，至今余音袅袅……

祁县晋商老街

山西自尧天舜日之时就是激情澎湃的，那首《击壤歌》唱道：日出而作，日入而息，凿井而饮，耕田而食，帝力于我何有哉。来自于黄土高原的高亢情怀在几千年的岁月里始终高扬着。

怀着这样的激情，晋商在明清两朝500余年间创造了前无古人的辉煌历史。这段历史中，祁县是不可不书的一笔。

祁县历史悠久，古称“昭馀”。早在6000年前的新石器时代，就有人类居住，春秋时为晋大夫祁黄羊食邑，是山西中部最早出现行政设置的地方。祁县第一座县城从春秋末期的公元前514年起，到公元3世纪末期止，历时800年。受古代祁县自然生态变迁的影响，北魏太和年间，祁县县城进行第二次大迁移，迁移于昭馀古城（今祁县古城）。古城池为土城，偏正方形，在城池的东南方向缺一直角，因此，整座城池形同古代官吏头上所戴的纱帽，故有“纱帽城”之说。

作为晋商故里，祁县是明清时期全国的商业金融中心，古城内现存明清时期几百家商号店铺旧址，向世人昭示着当年茶、票、斗、典、布、杂等百业的繁荣。长裕川茶庄等18处旧址述说着晋商开辟茶叶之路的艰辛；合盛元、大德恒、大德通、三晋源等12家有影响力的票号展现了祁县执全国金融牛耳的辉煌；昭馀书院、竞新学校旧址体现出晋商培养人才的远见卓识；各类行规、号章史料蕴藏着晋商诚信为本、两权分离的经营之道。可以说，这些商号店铺旧址包罗着万千晋商文化。

城区布局以十字街口为中心，东、南、西、北 4 条大街垂直交叉，南正北直，东西对应，合称为晋商老街。以十字交叉为骨架，全城辅以 28 条街巷与之纵横贯通。这些街巷走向大多整齐规范，与主要大街平行，显得整个布局结构严谨，体现了我国古代传统建筑设计的风格。而在个别街巷的走向处理上又匠心独具地增添一些不规则形，使得整个城区布局既整齐合理，又不呆板。古衙署、古寺庙、古书院、古驿站等公共设施排列有序，配置齐全。东、西、南、北四条大街临街铺面，全为商号店铺，建筑多为二层砖木结构，明柱出檐，木雕装饰，油漆彩画，鳞次栉比，古色古香。

在晋商老街上，最引人入胜的是山西民居的建筑之美。

山西地处山区，四面都是屏障，处在一个相对封闭的地理环境之中。人多地少的格局促使山西人走出家门，走上从商之路。到了清朝初期，欧亚大陆几乎都留下了山西商人的足迹。晋商忠于自己的根脉，将财富带回家中，建起华丽的宅院。凝聚着中华民族传统文化的山西民居建筑，大都古朴厚重，高大结实，构成了一座座封闭的城堡，一座座幽深的院落。

山西民居与皖南民居在中国民居中齐名，向有“北山西，南皖南”的说法。皖南民居朴实清丽，山西民居则深邃富丽。粗犷中不失细腻，平面而又立体。在山西民居中，最富庶、最华丽的民居则要数汾河流域的民居，尤以祁县和平遥最为突出。

渠家大院和乔家大院被称为祁县民宅的“双璧”。相较于乔家大院的深入人心，保护开发较晚的渠家大院虽然名气较小，但其建筑风貌更有淳朴之风味。

位于晋商老街东端的渠家大院是一座典型而集大成的山西民居，观之令人震撼于晋商的富庶。渠家大院始建于清乾隆年间，距今已有 300 余年的历史。渠家大院外观是城堡格局，占地 5000 余平方米，内分 8 个大院，19 个四合小院，共 240 个房间，是全国罕见的五进式穿堂院，琉璃飞甍，砖石照壁，高台大屋，牌坊小桥，与周边环境巧妙地融为一体。院落之间，有牌楼、过厅相接，形成院套院、门连门的美妙格局。

屋内屋外彩绘华丽，堆金沥粉，门窗间木雕、石雕、砖雕、楹联传达了众多的人文气息，充满了对美好生活的期盼，体现了那个时代人们的审美情趣和艺术追求。

晋商民居通常有着极高的外墙，清一色灰色清水砖墙，如城堡般坚固，显示出对外界的戒备。这一则来自于山西作为“九边重镇”，自古战争频繁的考虑；二则对风沙有着一定的屏障效果。虽然外表墙高楼深，让人无法自外窥见内里，但晋商民居的恢弘却不需入内便可极大地震撼人的耳目。行走于晋商老街，那山墙与山墙之间曲线的变化令人着迷，悬山顶、硬山顶、卷棚顶形态各异，匠心独运；造型各异的宅门、脊饰、烟囱帽、风水楼和影壁墙，使建筑沿街轮廓线丰满舒展。无怪乎，梁思成先生对于山西民居做出了“外雄内秀”的评语。又有文物专家评价：“北京有故宫，西安有兵马俑，祁县则有民宅千处”，赞誉祁县民宅建筑“集宋元明清之法式，汇江南河北之大成”。

徐珂在《清稗类钞》里列举山西多富户时称，祁县渠家资产在300万至400万两白银之间，其实远远不止这些。如今，在晋商老街的建筑遗存中，仍可以想见晋商盛极一时的繁荣景象。

广州西关耀华大街

西关大屋赋

穗市名区，西关福地，汉宫旧馆，富户新营，在此荔水逢源，文昌照濯，虽是频经烽火，幸喜再现生机。一页历史遗篇，几许居停旧貌，当丽日融合之际，春风怡荡之时，正如来宾访古寻幽，旅客观光览胜。

长寿街前，闾阎系列，耀华坊内，鳞栉相连，石脚磨砖，搌牙挂角，脚门微掩，木栊横栏，左右临阶绕巷，前后小院明窗，古迹翻新，原型复旧，远望绣阁雕萼，近看珠帘画栋，朱雀桥边影渺，乌衣巷口名传，谢客娱游于假日，王孙传意于当年。昔感狼烟，曾读阿房之赋，今逢盛世，敢颂华屋之歌，爰掇芜词，以供忘鉴。

——引自耀华大街碑刻

如果说，北京是在用皇城根儿下的四合院、上海是在用弄堂里的石库门保存着城市的记忆，在广州，也有这么一块地方，完好地保存了一段将近 200 年的历史记忆。

这个坐落于广州老城区中心的“记忆容器”，名字叫耀华大街。

西关大屋身世

西关大屋是原康乾盛世，特别是乾嘉年间广州西关一口通商时的产物。主要以当时云集西关的富商在商业繁华的十三行的“西关角”一带建筑的“高级住宅区”而驰名。它吸取了中原园林建筑和家居特色，结合了岭南气候的特点，形成了独特的地方风格。

西关角是指当时西关地区靠西边的一个地段，东起文昌桥、大观桥，西至泮塘、昌华园一带。

西关大屋的街区街巷通常为4到5米宽的花岗岩石路。大屋典型为三开间，正间以厅堂为主，由街面到内里依次是临街门廊、门宫厅、正厅（神厅）、头房、二厅、三厅、柴房，形成一条中轴线。两旁偏间前部左边为书房及小院，右边为偏厅和倒朝房。倒朝房的屋顶为平天台，供晒晾、赏月和七夕拜七姐所用。书房偏中后部是卧室、楼梯间和厨房等。

相邻大屋常用青云巷来隔开。特大型的还会有花园、戏台等。大屋的立面是青砖石脚，色调清雅，正间檐口有木雕封檐板，大门由脚门、趟栊和木门组成，剖面屋顶高低起伏。整个大屋用院子、天井、敞口厅、青云巷、天窗、侧窗以及可以活动的屏风、满洲窗等组织穿堂风，所以夏天会格外清凉。大屋的内部装修集工艺美术之大成，木石瓦雕，陶塑灰塑，壁画石景，琉璃和铁漏花，蚀刻彩色玻璃等应有尽有。

在清末民初期间，西关大屋汲取了更多西方洋楼的建筑特色，逐渐发展成了二三层的住宅楼。耀华大街是至今保存较完整的西关传统民居的缩影。

走进耀华　推开三重门

第一次来耀华大街，会恍惚有种时空逆转的错觉，熟悉的水泥质地的大楼一刹那间被抽离，此刻展现在你面前的是一条整洁美观的古巷。

在麻石路面的两旁，是鳞次栉比的西关古老民居，色泽碧绿的水磨青砖高大敦实、五彩斑斓的满洲窗光亮如新。圆滚滚的趟栊后面，头发斑白的老人正坐在凳子上读着报纸；吱吱呀呀的脚门推开，提着菜篮子的老阿婆从深深的院落里走出，脚上的布鞋踩在麻石铺就的路面上，发出吧嗒吧嗒的声音，在悠长的巷子里渐行渐远。

在这样一个古老的巷落里行行走走，看看停停。繁忙而熟悉的都市生活似乎被隔绝在了一个遥远的地方。在这里，建于清末的西关大屋、竹筒楼以及民国时期中西结合的洋房别墅比邻而居，具有典型岭南风格的青砖、石脚、三重门和巴洛克特征的巍峨罗马柱只是一墙之隔。150米长的古巷，30个门牌、39个开间、150户人家，展现出广州西关在19世纪至20世纪的200年间，广州人曾经生活过的各式民居。

或许可以用“西关大屋”这个笼统的概念来概括“耀华大街”上这30多栋古朴的建筑。按照老广州通常所说的“西关大屋三件宝——青砖石脚三重门”的说法，耀华大街的老房子无疑符合了这个标准。

西关大屋最典型的就是青砖石脚的外立面。据说这些青砖都是产于东莞及清远一带，色泽似碧玉者为贵。它还有一个名字叫“看墙”，其功用类似于今天的瓷砖贴面。讲究的西关大屋青砖可以经数百年不磨蚀，砖缝之间连刀片也插不进去。而石脚从地面算起高70到100厘米不等，越高就越显身家富贵。石脚通常用磨得平滑如镜的花岗石，尽量减少接缝，所以富家通常整堵外墙只用三数块整石，工本费相当惊人。

跟其他的西关民居一样，耀华大街的老房子最引人注目的就是大名鼎鼎的“三重门”。三重门最外一重是由四折木门组成的“脚门”。脚门的高度比常人的头顶稍高，脚门上半部必雕成通透花纹的式样，耀华大街30户人家几乎是一家一面，有寓意吉祥的花鸟图案，有寓意平安的花瓶式样。这些通透的花纹不仅起到装饰的作用，还便于通风，而且相当于现代民居的“猫眼”，有阻隔街外行人视线的功能。

第二重门是“趟栊”，趟栊由单数的十数根杯口粗的横木镶于两根竖板上，竖板下方安有滑轮，可以沿着镶于门槛上的铁轨左右拉动。趟栊的锁设在另外一侧，暗藏于大木门后，是木制的顶闩，只需人在屋内用指轻轻按下，即可顶死趟栊使其不能开合。从这个意义上来说，趟栊不啻为古老的“防盗门”了。

最内一层才是真正的大门。大门是由两块粗重的木板组成，富贵人家用的一定是整块的原木板，主要是杉木、樟木、坤甸等厚实的木材。大门之上要贴门神，有的大屋每年都会请师傅新漆上彩绘的门神。大门以铜制门环拉动，有些门环的工艺复杂精美。大门在晚间关上，靠的是门后两个井字形的木闩。在这样的三重门保护下，西关大屋不仅安全防盗万无一失，而且还有良好的通风效果，三重门依天气情况开开合合，给大大的宅子营造出冬暖夏凉的效果。

一条街　地灵出人杰

用手轻轻触摸那些在雨中被浸润的凉丝丝的砖墙，会产生一种很奇异的感觉。这样的时刻难免会让人浮想联翩：在这悠长的街巷上、在这些幽深的老房子里，曾经住过什么样的人，发生过什么样的事情呢？

翻看有关史料，原来这片“巴掌大”的地方，还有过不少动人的故事、生活过不少的历史名人。耀华大街 8 号和 10 号是粤剧名伶白玉堂的故居，白玉堂原姓毕，因为参与《五鼠闹东京》一剧演出，饰锦毛鼠白玉堂，演来惟妙惟肖，大受观众赞赏，遂改艺名为白玉堂。直到今天，生活在耀华大街的老戏迷还对此念念不忘——那时咿咿呀呀的粤剧念白会不时从这两栋典型的竹筒屋中飘然传出，从巷子中经过的老街坊、抑或是慕名而来的老戏迷经常会被《五鼠闹东京》、《舍子奉姑》中的精彩唱段吸引，流连忘返。

而耀华大街 30 号则是南海横江名门黄雩的故居。黄雩是民国初期广州粮食商会会长，更是一个有名的爱国商人。当年黄雩和父亲一道支持国民革命，捐助粮食支援东征、北伐而受到孙中山先生接见和嘉奖，是大名鼎鼎的大人物。而且据考证，耀华大街 30 号真正的屋主更有可能是著名“儒将”蔡廷锴，只是因为与黄在革命志向上惺惺相惜，是非常要好的朋友，蔡就把自己的房子长期租给黄居住。黄宅门前有一对高达 8 米的罗马柱，黑铁质地的巨大门扉更是具有明显的西洋风格。据说这种中西合璧的建筑风格，是按照当年孙中山从国外带回来的图纸兴建的。

广州花纱布业巨主蔡氏家族曾经住在耀华大街那间恢弘的西关大屋里；广州著名的画家黄中如、黄中羊兄弟自小生活在耀华大街；粤剧著名演员陆云飞抗战胜利后与妻子从美国回穗，也在耀华社区生活过不短的时间……

只有 30 多座房屋的古巷里，几百年的时间里出现了一代又一代的达官显贵、名伶墨客。

耀华大街旁边的街道上有人偶然发现了一块古老的碑刻，上面刻有“祀崇花坞乐平康”的字迹，经过挖掘和考证，有关耀华大街前身的尘烟往事逐渐浮出了水面：实际上早在公元 910 年的时候，耀华大街就是刘王花坞的所在地。刘王花坞源于南汉在城西的御花苑——显德园。当时宫廷为了解决厅堂殿宇的布置以及宫女们以花朵作头饰的需求，选择在荔湾区以耀华大街为中心的一带种植鲜花，直到今天，还有“云津小苑新花坞，津渡遥通旧石桥”的诗句在流传，当年的美景可见一斑，耀华大街得天地之独厚的猜测也似乎找到了佐证。

鲜花遍野也好、鸿儒满堂也罢，当时间的脚步不断向前推移，那些美丽的花儿和那些鲜活的人也都随风而逝。今天，麻石路面两侧那一扇扇厚重的“三重门”仍像几百年前那样开开合合，而那深深庭院中，老房子里仍然在上演着一幕幕人间烟火。

南雄珠矶古巷

珠矶古巷不同于普通的古巷。

对于古百越之地的后裔而言，珠矶古巷是如同信仰一般的存在，它记载着许多自梅关一路风霜而来的先人悲壮迁徙的历史，它亲历了在不同朝代演绎的悲欢离合的故事。它如同百越大地上的一棵巨冠古榕树，不断地，将根伸入地下，绵延出新的枝叶，一枝复一叶，逐渐滋养了整个百越大地。

广东古属百越，名为“瘴疠之地”。自唐张九龄率民工“饮冰载怀，执艺是度”，在南雄大庾岭凿修梅岭驿道以来，“枕楚跨粤，为南北咽喉”的梅岭沟通了长江和珠江两大水系，在此后逐渐成为南北贸易通道上重要关口，同时也成为避战乱避人祸的中原人南下入粤的必经通道。其后，在宋元期间，梅岭成为古代陆路丝绸之路的古隘道，珠玑古巷正位于这条“南北通衢”的梅关古驿道上。当时为满足南北通商需要，从梅岭南下的古道旁，一共修建了中站、里东街、珠矶巷在内的七条商业街。商人们清晨从江西大余出发，过了梅关就进入广东境内，沿梅岭古道继续赶路，到傍晚时正好到达珠矶巷，正是这一天的路途，将来往商旅的脚步留在了珠矶巷。

地理位置优越的珠矶巷，经过数代珠玑巷先民的不断开发，周围变成了宽阔平整的良田沃野，沙水河灌溉其中，宜农宜牧。远处是连绵起伏的红冈翠岭，山清水秀，风光旖旎。在饱经战乱的中原人和南方士族眼里，这是一个休养生息的好地方。南来北往的文人学士、达官仕宦、富商贵贾在此经过或停留，有的就在此落户。随着缙绅流寓的日益增多，珠玑巷便逐步发展成为百姓杂居的繁荣集镇。到北宋时，金人入侵，中原战火不息，以至靖康之乱，高宗南渡，偏安江南。这一时期，从中原迁到岭南避难的人更多，有朝廷官吏，也有平民百姓，他们在此驻足生息，“年深外境犹吾境，日久他乡似故乡。”至南宋末年，珠矶巷人口达到最高峰。有的中原人和南方士族在珠矶巷留了下来，生根繁衍，还有更多的中原人，在珠矶巷平静生活几年后，又继续南下迁徙，有的甚至漂泊至海外。

胡妃的传说是珠矶巷中最悲壮的一笔。南宋咸淳年间，贾似道为相，政治腐败。度宗皇宫中胡氏贵妃因避贾似道迫害而逃出皇宫，在临安城的江边被运粮上京的珠矶巷富商黄贮万搭救，并随之来到珠矶巷隐居。不料，黄贮万的家仆背主告发，贾似道便启奏朝廷，诬称珠玑巷百姓造反，命官兵将周围二十里内人畜房舍尽行杀戮焚毁。消息传来，珠玑巷顿时风声鹤唳，鸡犬不宁。珠玑巷的居民恐遭祸延，纷纷逃走。胡贵妃见此惨状，为了不殃及珠玑巷乡亲，便毅然投井自尽了。

胡妃的传说给珠矶巷留下了一座元代的胡妃塔。

如果这段史实属实的话，它更深远的影响，是引发了历史上珠矶巷人一次最大规模的迁徙。他们举族南下，扶老携幼，长途跋涉，带着拓展新家园的决心，来到如今的珠三角区域，拓荒开垦，相互扶持，从而使得珠三角区域在后来的明清两朝成为岭南繁华之地。

目前的珠矶巷内仍存留着不同朝代的古楼、古塔、古榕和古建筑遗址。这条广东仅有的宋代古巷以鹅卵石铺砌而成，上古风貌的鹅卵石默默伸向远方，如同先人的足迹，也满溢着历史的风霜。在 1500 米的古巷两边，有 20 多个姓氏的祠堂。村民在出售各种姓氏的书籍，招徕主要来自珠三角的游客。依赖古巷的名气和祖先的恩赐，他们经营着小巷独特丰富的姓氏资源，这些由中原先民携来的姓氏文化在珠矶巷留下深深印迹。

相传南雄珠玑巷是珠江三角洲一带主要族姓的祖居。《广东通志》载："相传广州诸旺族俱发源于此（珠玑巷）"。据中山黄慈博先生遗稿《珠玑巷民族南迁记》所载，有家谱族谱可查，先后在南雄珠玑巷南迁珠江三角洲一带的有76姓、166族。又据《南雄珠玑巷人南迁氏族谱·志选集》所载，还有27姓，31族，合计为103姓，197族。

作为中华民族拓展南疆的聚居地和众多广府人及海外赤子的发祥地，珠矶巷成为岭南文化和中原文化的集萃地，并以其独特的人文历史，对岭南经济文化产生了深远影响。

如今，散落在珠三角地区乃至海外数千万珠玑后裔，当他们循着先人南迁的足迹，乘着先进快捷的交通工具一路逶迤而来，踏上这片被誉为"七百年前桑梓地"的热土，脚踩在被打磨得泛着岁月青光的卵石上，在立着自己姓氏的牌坊前遐想缤纷，在一页页发黄的厚厚族谱中寻觅自己的祖宗发祥地时，他们穿越的，不止是千年的岁月，还有千年岁月里祖先胼手胝足，用血汗所书写的一部部跌宕起伏的家族史。

潮州太平街义兴甲巷

潮州，国家历史文化名城。“笔架东列，葫芦西卧，金山北峙，韩水绕廓南流”，是闽粤交通要道，粤东的政治、军事、文化、经济中心，素有“海滨邹鲁”“岭海名邦”之美誉，其整体格局的完好，文化景观的独特，物质和非物质文化遗存的丰厚，世所罕见。

古城内的街巷，横直有序，呈方块形布局。总长 1948 米、面积约 1.4 平方公里的太平街义兴甲巷街区就处于古城中心，脊椎般撑起这座“活着的古城”。走在太平街上，仿佛走进幽深的历史回廊，一幅生动的潮州历史文化和风俗民情画卷就在您的眼前渐次铺开。

太平街义兴甲巷街区基本格局形成于北宋，定形于元明，一直是潮州古城的交通要道和商贸中心。在漫长的岁月中，作为当地政治、经济、文化的中心，街区留下众多弥足珍贵的历史遗产。街区牌坊群形成于明清两代；骑楼形成于明末清初；街区里还存留着别具规模的古民居群、气势恢弘的府第建筑、各呈异彩的祠宇寺庙，而遍布街巷的古井又与东门城门、广济桥连在一起。透过街区的点点滴滴，宋帝逃亡潮州、元兵屠城、戚继光和俞大猷剿倭、郑成功攻城、清兵屠城、中英《天津条约》辟潮州为对外开放口岸、孙中山推翻帝制的潮州起义与丁未黄冈起义等重大历史事件，穿越时空扑面而来。

潮州太平街义兴甲巷的古建筑群，强调装饰性。潮州历史上工艺美术发达，能工巧匠多，刺绣、陶瓷、木雕、石雕均精美绝伦。潮州古建筑的一个突出特点就是注重装饰，精雕细刻。因此，建筑物成了各路匠师展示功夫手艺的舞台，从屋顶、楹柱到门面抱鼓，各主要构件均极尽装饰之能事。民居建筑的屋面较为平缓，四角起翘，屋脊兽物多采用鲤鱼，鱼尾卷曲向内。建筑装饰多采用浮雕手法，雕刻上面浮现的是花卉和动物走兽等。这些有特定内涵和象征意义的图案有：蝙蝠，因其与“福”字谐音，代表长寿、健康、富裕、平安、子孙满堂等5种天赐之福；鹿，与“禄”谐音，以示升官晋爵，高官厚禄；鱼，与“馀”谐音，与水塘、荷莲一起组成图案被雕绘在建筑物上，象征金玉（鱼）满堂或连（莲）年有余，同时，鲤鱼跳龙门又是读书人金榜题名、荣登仕途的代名词；松、鹤、龟、麒麟、荷花、荷叶、牡丹、如意等因表达长寿、幸福、吉祥等内涵而被刻在建筑物上。花板是建筑的主要装饰构件，既有浮雕，也有通雕。不论是各类戏剧人物，还是各式图案，均雕工精细，栩栩如生。潮州太平街义兴甲巷古建筑基础大都采用贝灰糯米三合土，其基础柔性好，有如橡胶隔震垫，大大提高了结构的安全性，历经数百年而不风化，这正是古建筑遇震不倒的秘密所在。

潮州太平街义兴甲巷的骑楼连绵回转，层叠壮观；外观生动，多姿多彩；花饰细腻，中西合璧；底楼为开敞的柱廊，柱子多用简单浮雕花纹装饰。如龙凤松鹤、荷花莲藕、梅兰竹菊、回纹圈绳、福禄寿等。它有着南国近代商市的雍容华贵，又闪烁着东方巴洛克风格的浪漫和辉煌。与国内广州、开平、梧州、海口等地骑楼街相比，太平街义兴甲巷少了些都市风情，多了些历史的厚重；少了些耀眼繁华的躁动，多了些文化底蕴；少了些高大的气势，多了些精美的韵味。

潮州太平街义兴甲巷的古井，世代流传，人们对它产生了一种特殊的感情。潮州古城水井甚多，相传宋时城里有古井36泉，为潮州知府彭延年所凿。太平街现存古井有二目井、开元古井、义井、四目井等古井八泉。位于南段的义井，井水清冽，挑不尽，喝不完。传说宋帝昺南逃潮州时，饥渴难忍，见此井却汲不到水，正想之际，忽见井水涌上井口，宋帝昺喝上清冽甘甜的井水，心中高兴，赞其井“有义也”！因此称之为义井。

太平街义兴甲巷的价值，不仅仅在于精美独特的古民居、骑楼和古井，还有透过街巷感受到潮州众多古建筑群体的历史文化。街巷里有国内罕见的府第建筑许驸马府；建筑奇葩，木雕一绝己略黄公祠；粤东第一古刹开元寺3处国保和一大批省市级文保单位，如：海阳县儒学宫、广济门城楼、黄尚书府、卓府、外江梨园公所、黄埔军校潮州分校旧址（李厝祠）等等。街区出口与世界第一座启闭式桥梁广济桥紧紧相连。难怪潮州耆儒郭餮雪老先生说过：“去到潮州一日游，归家三月说不休。”

绵延两华里的太平街，充盈浓浓的文化气息。穿行在大街小巷，可以感受到文脉的传承。在这古老的街区，数万土生土长的居民延续着富有潮州特色的文化风貌，一大批非物质文化遗产传承人更活跃其间，潮绣、金漆木雕、陶瓷、潮剧、木偶、潮州音乐、潮州功夫茶等工艺大师工作室数不胜数，传统地方文化特色民俗活动得以充分展示，频频闪现的潮州文化元素使牌坊街到处散发浓浓的“潮”味。

太平街义兴甲巷经历了近千年的历史变迁，至今仍是古城区商业繁华地段，百年商铺今犹存，较有代表性的有“胡荣泉”“吴祥记”“瀛洲酒楼”“顺发大灯笼”“洪顺成”“千祥”“德隆绸缎庄”“公安祥布铺”“金华百货”等。透过太平街商铺，能找寻到潮州众多传统产业经济形成和发展的印记，找寻到令潮州商帮名扬天下的商业理念的基因。从密布于街区的百年老字号、客栈、小食店、茶馆、名产特产店中，还能感受到浓郁的商业气息，感受到潮州作为中国瓷都、中国婚纱晚礼服名城、中国工艺美术之都、中国潮州菜之乡、中国乌龙茶之乡的活力与魅力。

太平街义兴甲巷是潮人的纽带、潮州的地标。其知名度在粤东地区乃至广东省和东南亚都是屈指可数的，只要是潮州人，不管是国内各地的潮属乡亲，还是漂洋过海旅居海外的潮籍华侨，一说到大街（太平街）就会有深深的情感。画家黄孝仁打了一个比方，牌坊街在潮州人心目中，就像老茶客手中的老茶壶，时间越久越让人眷恋，与潮州人相伴了千年的街区，在给古城带来财富的同时，也成了人们的精神家园。这条街上走出了世界华人首富李嘉诚，走出国际汉学大师饶宗颐，走出了一大批“美名远扬，流芳百代”的人物。一条街，能让天下潮人魂牵梦萦，如痴如醉，能如此深刻影响着一座城市，这在中外文化史上并不多见，仅此一点就足以印证太平街义兴甲巷街区的独特与神奇。

走进太平街，就是走进潮州久远的历史；走进太平街，就是走进潮州灿烂的文化。太平街，这无数先贤撰写的诗篇，正在抒写崭新的华章。太平街，将继续记录太平盛世的康乐，商贾云集的鼎盛，游子荣归的笑脸，贤士名宦的荣光。

苏州平江路

我打江南走过。在摇橹船的咿呀声里，掬一捧姑苏城的碧水春波，遥想南宋时光的平江府，昔时的平江路。

昔时的平江路，在南宋石雕的《平江图》上，与河网并行，已是平江府东半城的繁华街巷。水路上，有小船穿梭，荡起层层涟漪；陆上，有油壁香车载着娉婷美人徐徐驶过向晚的青石街面。

逝者如斯。千年后，姑苏城外的寒山寺犹在，当年的敲钟人已湮没于历史的卷册。

小桥·流水·人家

相较于热闹得近乎喧杂的观前街，平江路犹如深闺里的庄重千金，淡定而从容。没有横陈的店铺，平江路有的是小桥、流水、人家和幽深的古巷。河道西面的民居多依河而建，舟行河上，不时行过古宅雕花的后窗。水面的光影投射到斑驳的老墙上，如丹青淡剥。墙面剥落处又攀生出许多的藤萝蔓草，随风摇曳。河道婉转，房屋便在回廊、楼阁、小桥、花木间错落成景。或有一树红杏，斜斜地由墙里伸将出来，低低地掠过水面，临水自怜。河道窄处两岸援手可握，宽处可容一船周转裕如，也不过隔水可呼。

河上多桥，从北端的华阳桥至南端的苑桥，共有 13 座。石桥精巧，平桥可以通车，于行人却隐蔽，有时一路走过，可能尚未发觉脚下一涓细水，已然越过。拱桥通常坐落在平江路边的水巷上，一拱似虹。思婆桥位于依傍平江路西侧纵贯南北的古城内第四直河（北段又称平江河），是一座东西向单跨石梁古桥。始建年代不详，但在宋《平江图》上这里已有桥，名为寺东桥，因桥西有唐代古刹资寿寺而得名。后又转化为思婆桥，据说因资寿寺是所尼院，而俗称尼姑为师婆所致。由于历史悠久和多次重修，桥身还保留着不少比花岗石更早用于造桥的武康石和青石。尤其是桥的主要结构桥台排柱为武康石，两头雕有灵芝、宝莲的长系石也是武康石，从材质、结构和雕刻看应是宋代遗物，足以证明现有的思婆桥建造迄今至少已有七八百年了。

在平江路，人在桥上看风景，看风景的人在楼里看你。船、桥、人已全然溶入风景中，成为水墨画里隽永的风景。

亭台·丝竹·书香

苏州园林闻名天下。以独具匠心的艺术手法在有限的空间里点缀安排，假山、流瀑、亭台、楼阁，移步换景，变化无穷。“雨惊诗梦来蕉叶，风载书声出藕花”，苏州的园林里，沉淀的是两千余年承自阖闾城的吴文化。

平江路上有耦园。耦园三面临河，一面通街，前后都有河埠。轻舟在河边一系，上得岸来，便踏入了耦园。传说中，拙政园和耦园的主人即常常通过水路，过府赏花。

从平江路向南，走几步便能听到古琴悠扬，是一琴馆，据称请了吴派传人来讲授琴艺。取道中张家巷，不几步，又是一种江南丝竹之声，喜气热闹。循声向前，是一处评弹博物馆，绕过前厅展设，后院即是书场。赶得巧，花上几块门票，听上一段弹词，看台上人说噱弹唱，也不由得神采飞扬。从书场转出，再往巷子深处走，又见一处昆曲博物馆。崇脊筒瓦，牌匾招摇，挂着大红灯笼，似与一般仿旧的建筑相似，也没什么稀奇，却要走进去才觉得好。庭院里花木承仰有致，石板荒凉，全

应和着正中的一个古戏台。此处博物馆的原址大有来头，正是当年的全晋会馆，由清末山西寓居苏州的商人所建，还不专为生意洽谈，仿佛喝茶听戏才是正经。戏台也要走近看才知分明，天花板上不辞繁复地用藻纹装饰出窟窿形顶，状凹如井，顶端置一枚大铜镜，周围数百只浅雕黑色蝙蝠与数百朵金黄色云头圆雕相依相绕，色泽鲜丽异常，蝙蝠与祥云盘旋而上，直送到那铜镜片上去。藻井的设计却别有妙用，它仿佛一个共鸣箱，演出时，能使演员发出的声音向上聚集，声音顿时变得洪亮圆润，余音更能绕梁不绝。余秋雨曾在《抱愧山西》中提及这个“连贝聿铭这样的国际建筑大师都视为奇迹”的“精妙绝伦的戏台”，也要惊叹“说起来苏州也算富庶繁华的了，没想到山西人轻轻松松来此盖了一个会馆就把风光占尽”。

平江路钮家巷33号的老宅，庭院深深，面积700多平方米，建于清朝嘉庆年间，至今还保存着完好的雕花门窗、木质地板。老宅内一幢形状宛如一艘船的屋子，称为“船屋”。在平江路的深巷窄弄，有多少历朝历代的名人名士寓居其中。悬桥巷中有书痴黄丕烈的“士礼居”旧址，传是其藏书所在。同一巷子中还有清代状元洪钧故居，他与赛金花便曾寓于此。此外名医钱伯煊、历史学家顾颉刚的顾氏花园都可在此寻觅到鸿爪片影。

南朝的寺庙，王谢的家燕，将暮未暮的时分，在平江路上，看家家灯火，听吴侬软语，这才是最美好的姑苏城。

南京高淳老街

高淳老街如果在许鞍华的镜头下，应该是这样的：夕阳西下，暗黄的色调中，老屋前，炉膛里引火的木头忽明忽暗地烧着，烟雾的后景里，是饱经岁月的脸。

在慢生活的步调下，高淳老街在金陵旧都旁，走得不徐不急。

“龟游莲叶上，鸟宿芦花里。少女棹轻舟，歌声逐流水。”这是李白1000多年前在《游高淳丹阳湖诗》里描写的人间仙境。高淳老街位于官溪河之南，固城湖之西，乾隆皇帝下江南来到这里曾留下过“誉满江南”的评价，社会学家费孝通先生赞誉这里为“金陵第一古街”。她是江苏省保存最为完整的明清古街，老街原长1135米，现保护完好的长505米。街道呈一字形布局，傍水而列，粉墙青瓦鳞次栉比，飞檐翘角突兀多姿，街面两边用青灰石纵向铺设，街中间以胭脂石横向排列，色调和谐，整齐美观。挑檐、斗拱、垛墙、镂窗，风姿古朴，造型别致。

高淳老街雏形于宋代，南宋著名诗人范成大路过这里写下了《高淳道中》的抒情诗篇。由于街后水路东跨固城湖，经胥河可达苏、锡、常，西由官溪河连贯长江，水陆路交通都很发达。早期，皖南徽商将竹、木、山地货运来官溪河岸经商，这里由贸易市场发展成最初的街道。随着外来客商的不断涌入，当地农、牧、渔、粮棉加工、纺纱织布、手工制作、搬运、饮食服务等行业快速发展，高淳老街逐渐成为当地农商业产品的集散地。到元代时，高淳老街的商贸已颇具规模，各色店铺一应俱全，成为汇聚着南北多元文化的商品交易市场。

明太祖朱元璋定都南京后，考虑到苏浙粮运经东坝（高淳老街东二十里），可避长江风险，并可引丹阳湖水绕钟山而行，以增金陵王气，遂于洪武二十五年（1392 年）重开胥河，建造石闸启闭，将东坝命名广通镇，设巡司、税课司、茶引所，这使本来热闹的高淳老街焕发出更勃发的生机。明弘治四年（1491 年）高淳建县，以老街为主体的淳溪镇成为全县政治、经济、文化中心，至明万历年间，淳溪镇已是“依湖通商，一市镇耳”、“买（卖）纱络绎向城来，千人坐等城门开”，商品交易额“日出斗金，日落斗银”。一时间，河面舟船穿梭，渔火闪烁，街头商贾云集，摩肩接踵，来往客商纷纷定居高淳老街。街区店铺经营不仅种类齐全，品种繁多，而且在商品质量上也做到了精益求精。清光绪年间，老街药店有王元昌、仁成堂、天兴祥等八家，经营各有擅长，当地曾流行一首顺口溜：“药材仁成堂、中街天兴祥、人参魏长庆、老店王元昌、胡家卖药连处方、夏家蚌壳疮药‘一扫光’。”此外，赵东阳的“软香糕”及方家的铁匠店（可锻打梅、兰、菊、竹铁画）、芮大昌的羽毛扇都颇具盛名。羽毛扇制作为当地的传统工艺，明、清两代被列为贡品。

徽州商人的到来，带来了商业的集聚和繁荣，也携来了徽式的建筑风格。他们将其徽派的民居建筑移植到江南的水乡，既保持了徽派的精髓，又融入了江南的地域文化。比如建筑的两侧墙体伸出户外，上砌“墀头”，形状类似龙口含一腰鼓。这实为江南龙头的变异，古代称为“摩羯”，相传它专吃火魔。这是在江南其他城市看不到的民居装饰。此外，店户拼块木板排门居多，石质门框较少。更有意思的是，徽派的马头墙在这里均演变成封火墙。据当地老人说，马头墙被认为是专用于祠堂、庙宇之墙，而高淳人忌讳这种造型，遂将马头墙改成了封火墙，弱化了装饰性，却增加了实用性。为节省土地，几乎所有的店铺都是邻里共基连一堵山墙，高度一至二层，门罩装修简朴，院落天井较小，整个布局紧凑，木结构刷桐油而不施彩绘，保持原木本色，所有雕刻风格粗犷流畅，又保持了徽派建筑的传统特色。砖雕木刻、宗祠文化、地方戏曲等多元独特的文化既是高淳古镇居民生活的缩影，也充分显现出高淳老街作为沟通太湖流域和长江流域主要经济走廊的风貌。

高淳老街的店铺古色古香，多是前高后低，并错落有序。老街的店铺多为三间，纵深数进，两进之间有厢房连接，中间是天井，形成一个院落。这种结构，就是江南古建筑中较为典型的“一颗印”式建筑。房屋都为两层砖木结构，单檐悬山，青砖小瓦马头墙，白色墙壁，黑色屋顶，虽少几分华丽，却陡添了许多典雅与古朴。店面多数为楼宇式双层砖木结构，挑檐、斗拱、垛墙、镂窗。屋架上楼高于下楼，楼上楼下柱子错位分布。墙基四周竖角石，布局紧凑。

在布局上，单体建筑纵深五进相连，面宽为 1～3 间为限，进深通常 70～80 米。每进上下二层，高 7～9 米之间。临街作营业用店铺，中进为客堂或作坊，两侧设账房，住宅设于楼上；有的将侧房、后进作为货栈或晒场，楼上则用于货物的堆放。每进之间设横式天井相连，凡三开间之两房，设厢房或回廊。天井的两墙之上，砖砌“封火墙”连接。

店铺的门面造型风格大体一致。店门额枋之上采用曲椽，构成“占天不占地”的骑楼或轩廊出挑，临街楼上则安装镂格扉窗。底层可避雨遮阳，登楼可倚窗观赏，开窗探首，街景尽收眼底。这骑楼的建筑构思，可谓一举多得。门面装饰重在梁枋和“斜撑”木雕，内容丰富，形态各异。有“文武财神”、“招财进宝”、“福禄寿三星”、狮子、龙纹、八仙等吉祥纹雕装饰，以及历史人物典故。这些独具韵味的木雕，工艺采用圆雕、浮雕、透雕等多种手法，使人物景物栩栩如生。

在建筑构件上，店内房门皆为双扇，忌用单扇，意在婚姻家庭逢双成对。但两扇房门开关时必有响声，能工巧匠们便将这两扇门的响声处理成一扇发出金鸡般的叫声，一扇发出凤凰般的啼鸣。如此，开关门的声响成了象征吉祥和喜庆的欢唱。

杨厅是老街上最具代表性的商住楼。这幢建筑建于明清时期，后来成为著名徽商杨道南的故居。杨厅楼宽三间、纵深三进、上下两层，砖木结构，面积500平方米。第一进做店面，是进行商品交易的场所，第二进做仓库、手工作坊和会客室，第三进主要做卧室，留有一宾客接待室。进与进之间设有天井通风采光，每进堂柱内设石门槛，共四个门槛。一进比一进高，象征生活、经商步步高。头进门面是牌坊式，门额上设有骑楼，木板封闭，檐口由曲椽外挑既挡风又遮阳。出头枋下撑，雕花画龙。两侧山墙垛头逐级外挑，画有铁拐李、牡丹、福寿等图案，基部用角石镇宅。门槛上安置6扇镂空屏风与店门正对，寓意外邪不入内，内财不外流。

高淳老街依官溪河东北岸而建，街区建筑面街背水，店铺为合面对设或前店后宅格局。街东湖光明媚毓秀，街东“青龙”为上首，将固城湖作为“气口”，街南为“白虎”，临官溪河畔，形成风水术中“水主活源”的模式。店户运货依靠后街官溪河出入，河中来往商船、木排、竹筏鱼贯而行，春夏岸柳浓阴，晚间客船渔火闪烁，当年的繁闹景象绝不亚于朱自清笔下的“桨声灯影秦淮河”。

居住在老街上的当地人，或者开店，或者自住，怡然自得，成为老街最动人的风景。他们操浓重方言散漫进出错落有致的古建筑，穿街过巷，平和而知足，他们入茶座邀古说今，吃豆腐干下固城湖的蟹，传统又艺术地生活。就这样一个寻常的居民区，古文明与现代文明相融相谐，构成一幅动人的图画。漫步于老街，除了浓浓的民风古韵，分明感受到，一派欣欣向荣的生机，在这条胭脂石铺就的古街上弥漫。

镇江西津渡

镇江之名，取地势险要之意。公元前1113年，那位将瘦金体写得惊心动魄的宋徽宗，将润州改名为镇江府。这位统治者或许认为，润州这样的字眼完全不能概括背山面江、形势雄险的这片土地。而在润州前，这片扼守长江、京杭大运河的土地还有着“宜”“京口”这样更为称著的名称。

西津古渡街坐落在镇江西边的云台山麓，全长虽只五百米，却有着唐宋以来的青石街道、元代的白塔、明清的建筑。如果从云台山脚下的蒜山石崖仰望的话，西津古渡街实际上是一条依附于云台山麓的栈道，如在半空间。

西津古渡原为古渡口，濒临长江。从三国时期开始，就是著名的长

江渡口。唐代时，此地名金陵渡，为漕运重镇，交通咽喉。西津渡是当时镇江通往江北的唯一渡口，具有极其重要的战略地位，向为兵家必争之地。许多大诗人如李白、孟浩然都曾在此候船待渡。宋熙宁元年春，王安石奉旨进京，当他从西津渡扬舟北上，船到瓜州时，见景生情，留下了那首让后世称绝的《泊船瓜州》："京口瓜州一水间，钟山只隔数重山。春风又绿江南岸，明月何时照我还？"

清代以后，江滩淤涨，江岸逐渐北移，渡口遂移到玉山脚下的超岸寺旁。原本是江水的位置，逐渐形成道路。古老的渡口不再与江水相连。沧海桑田之变，大致如此。

自刻有"西津渡街"的头道券门至待渡亭，是西津渡古街历史厚度的精华集萃。与镇江博物馆比邻而居，一座矮墙相隔，数十级石阶捡级而上后，一道雕花砖砌的券门立于坡顶，上书"西津渡街"字样，穿过这道券门，展现眼前的便是有着千年历史的"西津古道"。一道券门之隔，门里门外的建筑却恍若隔世，门外是大道通衢，两旁是高大、宏伟、瑰丽，或中或西或中西混体的建筑，门内却转瞬间化作小巧古朴的中式阁楼、亭台、塔庙，中间夹一条青石板铺就的弯曲小道。沿着青灰色小道前行，或是午后，几乎看不到游人的踪迹，窄窄的小道两边是一人多高的灰墙。

走过两座香烟缭绕的亭状香炉，便是第二道券门。砖木结构、雕花飞檐的窗栏和立柱一律被漆成朱红色，与券门上的题字“飞阁流丹”遥相呼应。未几，刻有昭关字样的元代过街塔展现眼前。白色的喇嘛塔矗立于通道的上方，让人顿生敬畏之感，塔基之下有修葺纪念碑，上书“西津渡过街”。白塔又称昭关石塔、观音洞喇嘛塔、瓶塔，系元武宗海山皇帝命元大都白塔寺工匠刘高仿京刹梵相而作的金山般若禅院的一部分。竣工于元至大四年（1311 年）或稍前。饱经 600 多年的风雨沧桑后，白塔依旧庄严盛大。在狭窄的小街上，来往行人每从塔下经过，便经历一次顶礼朝拜。

石塔左侧门洞是观音洞，右侧是救生会。观音洞临街而建，高大古朴，虽然风雨斑驳了立面，在数百近千年的时间跨度中，当西津渡已经成为横渡长江的重要港口时，长江天堑之于当时的交通工具仍然意味着巨大的风险，时有船只被长江的风流吞没，“若夫霪雨霏霏，连月不开；阴风怒号，浊浪排空。日星隐曜，山岳潜形。商旅不行，樯倾楫摧。”面对难以卜测的风浪，人们只有祈求于宗教的护佑。

在宗教之外，救生会的设置可以视为更积极地应对渡江灾难的举措。救生会的创设，应追溯到宋代时带有慈善性质的水上安全救助机构。隋唐以前，镇江江面宽 40 多里，到唐代时还有 20 多里宽。孟浩然就留下了“江风白浪起，愁煞渡头人”的诗句。每每风起浪涌，船工和渡客的呼救之声格外惊心动魄。唐天宝十年（722 年），一次就有数十艘渡船沉没；南宋绍兴六年（1136 年）一艘渡船离岸不久即遇上风涛，连艄公在内的 46 名渡客无一生还。由于西津渡特殊的交通位置和军事地位，加强安全管理就显得尤其重要。到了宋代，统治者更是将镇江视为漕运咽喉。于是，当时的镇江郡守蔡洸在西津渡创设了救生会。

走过观音洞，一路石阶而下。走在石阶上，脚下有一条条中间带着凹槽的青石板顺着石阶方向蜿蜒而去。这是独轮车历数百年留下的车辙印迹。在漫长的历史里，镇江及周围地区的吃用等外来物品都是通过西津渡码头和这条小路由独轮车运送出去的。漫步走在这条带有深深印辙的青石板路上，耳边似乎传来千年前的熙攘之声，思古之情油然而生。

恍然间，似乎西津古渡一派繁荣兴旺的景象，人来车往，推着独轮车的运工，汗流浃背吃力地在这条石板路上行进……

走下石阶路，便来到了待渡亭。此地已离古渡口不远。

待渡亭和古渡口遗址间，是由山上延伸而来的古街的余脉。青灰色的民居和房屋，朱色的窗棂，标志着长安里、吉瑞里等字样，层层深院，进进房屋，相互通连，又自成一体。这里与古渡口紧密相连，曾经有过存留 100 余家各式店铺的鼎盛时期。

继续下行，有一块高耸壁立的石崖，这就是蒜山石崖。当年石崖之下即为滚滚长江，石崖也成了扼守江岸的屏障。自清代以后，江岸的北移使得当年拱卫西津渡口的蒜山石崖如今距离长江江岸已有 300 多米的距离，一条新建的长江路横亘在当年的西津渡与滚滚长江之间。

而今，借助于考古的发现，我们得以一窥西津渡的过往。在目前西津渡的街道下，叠压着 3 ~ 5 米厚的文化堆积层，包括从唐代到清代的历代路土遗迹。在唐代路基的块石下面，即是鹅卵石、流砂地层。文化堆积中出土遗物丰富，早期遗物有六朝砖瓦及先秦时期夹砂陶鼎足等，唐代遗物有莲花纹方砖、瓦当、璧足形碗、唐三彩器，宋代遗物则有陶瓷器及琉璃筒瓦、铁刀、撑船竹篙的铁脚等。这是不是可以说，千年的西津古渡街道都是在前朝的那条路上所作的时代性的翻新呢？我们始终走在前朝人所踏出的那一串串足迹之上，如那道道反复辗碾的车辙，刻画着深深的历史轨迹。

金陵津渡小山楼，一宿行人自可愁。
潮落夜江斜月里，两三星火是瓜洲。

唐代张祜当年在西津渡的某座小楼墙壁上题诗时，未曾会想到千年后，他的七言绝句依旧在传颂吧？

同样令人难忘的是稼轩先生在此地的北固山所作的那阕词：“何处望神州？满眼风光北固楼。千古兴亡多少事？悠悠，不尽长江滚滚流。”历史，总让人在唏嘘间，漫自泪流。

无锡清名桥

古运河水流　南禅钟悠悠　从古流到今　从冬流到秋

日出江花红　春来绿如蓝　船上一位渔家女　为谁在等候

古运河水流　清名桥上走　三月桃花舟　杏花风雨后

你在舟中游　我在水边留　美丽的好姑娘　是否向我在招手

春来春去又一回　莫让年华付水流　人面桃花去　白了少年头

月上柳梢好时候　人约黄昏后　在水一方的心上人　何时牵上你的手

——《印象·江南》

清名桥的美，美在一份平和与淡泊。

沿着南长街，一路往南走，古老的街道上车与人川流不息，繁忙的景象和斑驳的墙壁、粗壮的老树、旧而黯淡的玻璃窗那含蓄而内敛的性情形成了鲜明的对比，仿佛一位年逾花甲的老人，依然舍不得放下手中的活计，不知疲倦地忙碌着。

南长街，本是一条古驿道，位于老无锡县城南门外，自古以来，马匹来往频繁。在无锡城南，有水陆三条古驿道，一条水驿道，即南门古运河水弄堂；两条陆驿道，即今南长街和南下塘，上塘街与下塘街跑驿马，分往南往北单向跑快马之用。“锡山驿馆”的设立，为无锡城南伯渎港米码头、制锅业、烧窑业和羊腰湾造船业以及南长街直至清名桥的商业、餐饮业、搬运业带来了无穷生机。近代时，古代的驿道渐渐淡出了人们的生活，取而代之的是近代邮政的出现。在南长街靠近永乐路十字路口的地方还立着建于民国三年（1914 年）的南长邮电局。“家书抵万金”，近一百年了，这幢两层楼的建筑依然发挥着功用，为千家万户传递着乡音的温馨、牵挂和嘱托。

如今，南长街的北端，已经拓宽改造成了马路，马昌弄则已被高楼大厦湮没了，要不是在弄堂口有几个歪歪扭扭的红字提醒，想必是没有人能感受得到这条弄堂的存在了。

物是人非，唯有那静静流淌着的古运河的涟漪，记住了这里曾有的繁华与乡情。

千百年来，这古运河在无锡城中流淌，在岁月的蹉跎中越发显得亲切与温情，仿佛一根血管，而且是主动脉，在跳动和起伏之间轻声诉说着生命的延续、血脉的相承。

沿着古运河一路向南走去，与繁华的市中心越来越远了，也安静了许多，四周的景致也渐渐露出了水乡城市应有的风貌——船从窗前过，水在身边流，无端地让人萌生了昔日小城中沾衣欲湿的杏花细雨和惊鸿一瞥的春闺旧梦的遐想。虽然也有新建的建筑在模仿着廊角、飞檐、雕栏、马头墙，但并不显得突兀，仿佛就该如此，仿佛就该在这里彰显怀旧的静谧与遐思。

清名桥就毫无波澜地卧在这古运河上，桥下淌的是流水，桥上走的是时光。

清名桥，原叫清宁桥，始建于 16 世纪的明朝万历间。它是无锡“寄畅园”的主人秦燿的两个儿子捐资建造的，因兄弟俩的大名分别是太清、太宁，因此各取一字叫做“清宁桥”。这座石桥在清康熙八年(1666 年)，由无锡县令吴兴祚重建。到了道光年间，因讳道光皇帝的名字改名为清名桥，也有人称它为“清明桥”。这座单孔石桥和江南的任何一座老石桥并没有什么太大的区别，普通而又普通，和无锡城里无数石拱桥一样，高高的桥拱如同老人驼起的脊梁，横跨在一湾久负盛名的静谧的水面上。

数百年来，清名桥就这么弯腰立着，它已然成了这里一个居民，成为人们的日常生活中不可或缺的一部分，一切显得平常而又平常——人们忙碌着上上下下，推着单车的，抱着婴儿的，提着菜篮的，桥下是卖菜的、卖熏烧的；黄昏的河边，一个中年男人坐在石阶上自顾自地读着报纸，在桥头享受着一丝丝难得的微风。站在清名桥上，看两边的老街上嘈杂的人流，能感觉到充盈在空气中的一种生活的气息，能感觉古老与真实的并行。

1986 年，日本著名作曲家中山大三郎游览了清名桥，回国后创作了歌曲《清名桥》，歌中唱道："穿过清名桥，又过大公桥，小船悠悠向北行，只要有了你别无他求，远处惠山依稀可见，我依偎在你身边，在人生道路上，只要爱情深……"想起了电影《摇啊摇，摇到外婆桥》，一种梦回童年的感觉油然而生了。

清名桥的美，是一种别样的美，它是需要细细地、静静地品味的。

水面上，一艘艘木船停靠在岸边的老屋零星的倒影里，在幽暗中散发出老旧的光泽。它们成群结队地栖息着，如同午后栖息在屋顶的老鸦，整齐而拙朴。想象着每天清晨，在阳光抛入水面的金属声里，它们瞬间散去的那份快意。年老的妇人操着无锡方言，蹲在岸边，一边洗菜一边聊天——总觉得无锡话不好听，但是在这里却显得亲切温软，仿佛船娘唱出的荡漾在涟漪中的歌子。所有的情景就在这不经意间进行着，清名桥，演绎着一段历史，也演绎着最朴实的市井生活。

在这里，所有的细节都停留在最真实最原始的状态上，裸露着生活的本质形态。那些老屋粉墙斑驳，让人想起看电影旧片时银幕上如下雨一般的划痕。它们不知传过了多少岁月，有多少张面孔、多少个故事在那银幕上出现，有多少凄迷神秘、又大同小异的情节在里面开展，无法说得清楚。这里曾经是商船和民船成排、桅杆与跳板无数的繁华码头，现在已如一帘幽梦，磨洗在岁月的搓揉之中了。只是，耳边依然听得见昔日的繁华和喧嚣，鼻中依旧闻得到那随风漫巷的鱼腥和谷香。

今天，且为清名桥而停留。当庆幸，清名桥没有深居高阁，没有被“圈”起来成为空洞的瞻仰对象，它只是存在着，“大隐隐于市”一般。清名桥的美正在这里。

清名桥，在这不多见的平和与淡泊中，敲醉了云间那一抹无边的风月，敲皱了岸边那一泓冷冷的秋水。

河　南

开封双龙巷

双龙巷历史积淀和人文气息浓厚，即便是在首批公布的“国家级历史文化名城”开封，也是首屈一指。

双龙巷位于开封老城中心略偏东北，属人口密集的居民区，长约560米，宽约9米，其中有多处民国时期名人故居。

双龙巷起源于宋，相传宋代赵匡胤、赵光义哥俩打小在这儿长大。

明代史可法故居曾在双龙巷中。

民国时，因开封是河南省会，吸引大批名人来此，杜孟模、孔祥榕、罗章龙等都曾在双龙巷居住。

1951年后，河南省会迁于郑州，开封发展迟缓，却也因祸得福，双龙巷故而留存了二十几处名人故居。按照官方的说法，即“双龙巷保护区内的四合院住宅是中原地区保存完整的四合院片区之一，是清末民初民用建筑的典范。它承载开封市民居民俗文化，对开封市古城风貌的保护、历史文脉的延续起着重要作用”。

讲一条小巷，其实是讲居于巷子里的人。他们的苦辣酸甜喜怒哀乐，决定着小巷的温度和表情。

讲双龙巷里的人，先让时光倒流千年，从宋朝赵家兄弟讲起。

相传唐末有读书人陈抟，隐居华山得道成仙。有一天，陈抟下山云游，遇到一逃难汉子。汉子肩挑两箩筐，一头坐一小孩。陈抟一见笑得坠落驴下。行人问他何故，陈抟说：“我道天下无真主，一挑担着两盘龙！天下自此定矣。”他给了逃难汉子一些银两，叮嘱他好好抚养俩孩子。

这位逃难汉子叫赵弘殷，俩男孩，大的名叫赵匡胤，小的叫赵光义。赵匡胤成宋朝开国之君，他过世后弟弟赵光义继位，也当了皇帝。一条小巷走出了两位真龙天子，成为“龙潜之地”，人们遂将称此巷为“双龙巷”。

作为双龙巷街名由来，这个传说代代相传，以至于历代都有记载。

明代《如梦录》记载：“双龙巷，宋太祖、太宗旧居之地。”明代《飞龙传》等通俗文学中也曾提到这条小巷。

开封民间常将双龙巷冠以“开封第一巷”，当地学者甚至讲：千年大宋文明，开启于这条小巷。而一个巷名持续千年之长，在开封独一无二，称为“第一巷”，也是名副其实。

北宋经九帝 168 年，是在开封建都时间最长、历史影响最大的一个王朝。赵匡胤在位 18 年，赵光义在位 22 年，经过他们 40 年的努力，东京人口逾百万，富丽甲天下，成为当时全世界第一大城，孕育出璀璨的文明高峰。

宋之后，朝代更迭，双龙巷失了记载。直至明代，开封人史可法居于此。

到了民国，双龙巷再度热闹起来。

老门楼里头，顺着五六个台阶才能上去的高门槛后边，多是三进或多进四合院，进进出出的，有政府高官，有学界文化界精英。小巷子里有多处名人故居。

双龙巷 35 号，是孔祥榕旧居。孔祥榕是孔子 75 代孙，长于水利工程建设，民国时任全国经济委员会水利委员会委员长。他治黄有成，任期内黄河从未决口。

抗战开始后，韩复榘采取不抵抗政策，济南失守，他撤退到开封，住在双龙巷孔宅。1938 年 1 月 10 日，蒋介石在开封召开会议，设计把韩从双龙巷带走，押解至武汉接受军事审判，处死刑。

双龙巷 29 号，罗章龙曾在此居住。那是跨四个水泥台阶才能上去的高门楼，门下青石、门楣上残剩的雕花，都显示它的不凡。罗章龙 1934 年至 1938 年，在河南大学任经济系主任，时间长达四年。双龙巷离河大老校区很近，走小路步行不超过 15 分钟路程，罗章龙居此，显然是取其近便。

双龙巷向北，有陈慰儒故居。正房为中西合璧式建筑，明三暗五，正门为欧式风格，室内正屋为木质地板，墙上有壁炉，屋顶有两个烟囱。正房、厢房、倒座均为硬山屋顶，门窗做法别致。陈慰儒，治黄专家，民国时曾任河南黄河工程局局长、黄河河南河务局局长。

双龙巷向南，是张钫故居，规模颇大。张钫，辛亥革命元老，河南近现代史上重量级的人物。

岁月如梭，名人都已风流云散，现在的双龙巷，尚存的是浓浓市井气息。

站在直直的小巷内，看着两侧的老屋，青砖灰瓦，低矮屋顶上瓦片凹陷起伏，这是因顶梁弯曲变形所致。

窄窄小街两侧，还有更窄的人行道，人行道上，随意长着些杂树。更随意的是居民砌筑的花池，碎砖水泥块草草垒就，但无碍风仙花之类草花生长泼辣茂盛。

如今，小巷居民，多是平头百姓，在不足 600 米长的胡同里，他们距离近、交往深、互动多、秘密少，过着苦辣酸甜的生活。

而那些风流与繁华，早已被风吹雨打去。

杭州清河坊

“山外青山楼外楼，西湖歌舞几时休。暖风熏得游人醉，直把杭州当汴州。”

清河坊就是物华天宝的杭州城里最繁华的一条街市。

清河坊的得名，与南宋的太师张俊有关，建炎三年（1129 年），张俊在明州（今宁波）击退金兵，取得高桥大捷，晚年封为清河郡王，备受宠遇。他在今天的河坊街太平巷建有清河郡王府，故这一带就被称为“清河坊”。当时清河坊一带商铺林立、买卖繁华，曾是杭州最繁华的商业区。

夜游清河坊，仿佛走在“天上的街市”，整条街流光溢彩，令人想起千年前的杭州城。在宋末元初的那本《梦粱录》里，南宋人吴自牧以近乎唠叨的笔触细述了杭州城的种种风情，如街道、沟渠、湖泊、食粮、娱乐，尤其是精美的各式小食美味，写得纤介无遗，读之令人神往。

循着历史的记忆，让我们走进清河坊，去感觉杭州城生动的图画。

保和堂的门口，伫立着许仙的铜雕。相传，千年前的许仙，正是保和堂的学徒。某一天的休息日，他随兴去西湖赏玩，遇见了白娘子，从而展开了一个凄美的爱情故事。千年雷峰塔已倒塌，白娘子已芳踪杳杳，而今的许仙，仍在惆怅千年前的爱情吗？

清河坊里另一家鼎鼎大名的药堂，由红顶商人胡雪岩所设，称为“庆余堂”。在老人的传说里，“庆余堂”的设立还有着一番故事。相传，有一次，胡雪岩的如夫人生病，派家人去叶德种堂抓药，取回后发现有几味药已霉变，胡雪岩便派人去调换，结果，却被叶德种堂的伙计嘲笑：“本店只有这种药，要好药，让你们胡先生自己开去。”胡雪岩大怒，立志要开一家比叶德种堂更大的药店，服务乡里。清同治十三年(1874 年)，胡雪岩开始筹建庆余堂药号，光绪四年，庆余堂在清河坊落成并正式营业，胡雪岩亲自撰写了“戒欺”，并制成匾额在内部，时刻提醒店内伙计。当时药号广请浙江名医，选用历代验方加以研究，采办道地药材精心配制成药，使之在大江南北声誉鹊起，于是就有了“南有庆余堂，北有同仁堂”的说法，而胡雪岩本人也被誉为“江南药王”。

作为南迁的王朝，南宋朝在杭州城的经营，不经意间总有对汴京旧都的千丝万缕的怀想，如茶肆、如酒肆。“汴京熟食店，张挂名画，所以勾引观者，留连食客。今杭州茶肆亦如之，插四时花，挂名人画，装点门面。四时卖奇茶异汤，冬月添卖七宝擂茶、馓子、葱茶，或卖盐豉汤。”承袭着旧式茶道的“太极茶馆”由郑氏家族经营，至今已逾二百余年，也是老杭州人最喜欢的茶馆之一。门口躬身提着青花茶壶的铜雕老先生，也是茶馆的一景。

沿着流水潺潺的街边水渠，边走边浏览街景，一爿爿古今中外的名家名店，鳞次栉比琳琅满目。眼前这家旗幡招展的“状元馆”，既然标称“百年老店”也必定有些来历吧？听说它的创始者叫王尚荣，宁波人。早在清代同治年间，来此地开了一家专做宁式汤面的小店，为人热心厚道。曾经有一位同乡的穷秀才来杭州赶考，到店里要了一碗面，闲谈间知道秀才家境贫寒，就挽留他在小店里白吃白住，并且每天都做一道助兴的菜肴，像“双元面”等祝他中榜。后来揭榜时秀才果然省考、京考连中两元。可是却无钱进京参加会考，王尚荣又帮他凑齐盘缠，煮了一大碗黄鱼面，祝福他赴京会考能“跳龙门”。果然秀才一举考中进士，被皇帝派往江西任职。秀才赴任途中，特意来杭州面谢恩人王尚荣。千恩万谢之后，提笔写下“状元馆”三个大字作别。从此王尚荣的小面店，就有了自己的雅号“状元馆”。美谈传开后，顾客盈门，生意格外红火，直至今日，长盛不衰。眼前的“状元馆”连绵三层楼，雕栏画栋一片，装饰古朴儒雅，宫灯帷幔映衬着“中华老字号”的金字牌匾。

对于“龙泉宝剑”大家一定并不陌生，无论在影视里还是在小说中，都经常闪现它们的身影，当然仿制品居多。今天在清河坊，终于找到了真正龙泉剑的发祥地——中华老字号“天下第一剑”即“欧冶刀剑”。古朴的商旗，金字的牌匾，红木雕刻的店史……吸引每一个经过它身边的过客，不由自主地迈进这座百年老店。盈门顾客，对于那一把把陈列在玻璃柜里的，悬挂在墙面的，摆在展示台上的数不胜数的短刀长剑，留恋不舍。长的超过四尺，短的不足四寸，都可以抚摩把玩。那些嗜剑者，更是爱不释手。“欧冶刀剑”是中国知名度最高的传统工艺品之一，具有坚韧锋利，刚柔并举，寒光逼人，纹饰巧致等特点，历史上就著称于世。它的创始人欧冶子曾经铸造了中国第一把铁剑“龙渊”也就是“龙泉剑”，开创了中国冷兵器的先河。春秋时期那把“越王剑”，先属于吴王夫差，后被越王勾践所得。这把亘古名剑，于 1965 年出土，震惊中外，被誉为“稀世珍宝”。当今我国国旗护卫队的指挥刀，大连女骑警，太原女骑警，温州骑警队所带的配刀，皆由“欧冶刀剑”设计并制造。

“吴越人家”的橱窗对于女性来说，吸引力是致命的。仿若两条腿自有意志，等你反应过来时，已是人在店里，手在布上摩挲着了。店里布匹都是全棉纺织，手工制作刻板，刮浆印染。清一色蓝印花布，可以做衣服，做装饰品，做床上用品。忍不住诱惑，又买下了一块衣料，方才离去。

临近街口，朱炳南铜雕艺术博物馆的门口，超大的铜铸镀金弥勒佛坐像，连同在他身上的百座童身，笑对世人。这是属于杭州的繁华世景。

临海紫阳街

没有如织的游人，没有繁荣的商业，紫阳街如同我们每个人童年记忆里的那个父辈或母辈生活过的小镇里的某条小街。平实得近乎庸常。

岁月在这里毫不吝惜地留下了它的足迹。木的立柱上布满长年累月被虫蛀蚀过的小孔，一些二楼的临街板壁因年代久远而呈现脏兮兮的黄褐色，上面布满霉斑。这儿那儿，还有一些木板朽坏脱落形成的空洞。

紫阳街丝毫没有将这些岁月痕迹掩饰于崭新的红漆下的企图，如同没有将街上老居民迁出将这条街变成一条纯粹旅游景点的企图。这是紫阳街最真实最打动人心的地方。它的纯朴，一如那些数代生活在紫阳街上的老人们。对于老人们来说，紫阳街以前是自己的家，现在是自己的家，未来也是自己的家。

戴祖淼夫妇站在紫阳街 371 号自家门口。他们曾经在 2008 年入选上海世博会“浙江馆”的“最浙江”人家。

戴家祖辈都在紫阳街上经营鞋店，有着做鞋的好手艺。戴家做鞋的手艺只单传，太公传给爷爷，爷爷传给父亲，父亲传给戴祖森。如今，子女们都去读书不愿继承父业，他将手艺传给了家中的小侄子。1956年，戴家人都进了鞋厂，戴祖森老人当时是单位的“金牌销售”，大江南北都留下过他的足迹。戴家的大儿子戴世忠每每回忆起自己生活20多年的老街，老街的石窗、木窗、雕花、天井、梧桐子、兰花、灶台等等，总会在他脑中跳动。“记得小时候自家种的兰花，香味可以传几十米远；每天放学回家都要从老街上的一口井中挑水，将家里的一口一米多口径的大缸灌满；回家妈妈在大灶台边忙得不亦乐乎……”一条紫阳老街，一座古宅，见证了戴家三代人的成长。古街上的嬉戏，古宅里留下的各种印记，是三代人心底里最温情的回忆。

紫阳街南起兴善门，北至广文路，一色的青石板路面。贯通古城南北的紫阳街呈北高南低的状态，北端连接北固山，毗邻台州府衙遗址，南端出城门即为灵江，是古时临海通向外海和运河的主要水运交通要道。

紫阳街北端北固山的郑广文祠，始建于唐广德二年（764年），是为纪念唐代郑虔在台州开创了文教之先河而立，因其诗、书、画并妙，被唐玄宗誉为“郑虔三绝”，如今成为临海古城文化源流的“缩影”。

紫阳街上多是木质结构的二层或三层小楼，屋檐或长或短，或高或低地向街心伸出，使整条街的景观错落有致。楼铺与楼铺之间，有青砖筑就的山墙相隔，山墙高过楼顶，宽出屋檐，凌空变幻出各种造型，壁上还装饰着一些福禄寿喜之类的壁画或泥塑浮雕。每隔一段街面，便有跨街的拱门高墙将街道上的楼铺成片隔开，拱门上方题有“清河坊”“永靖坊”之类的坊名，山墙和“坊”，显然都是为防火所设。

二楼临街的楼壁木板，是原来写店名的地方，至今还残留着一些店名字迹，只是年代久了，字迹墨色变淡，残缺，隐隐约约的，已不太容易辨认。有的是字迹叠字迹，看来店铺曾经换过主人，或者改变过经营内容，变更过不同的店名。从能够辨认的一些字中，行业涉及绸缎、布匹、纸张、酱油、鞋等，看来是各行各业，应有尽有。字都是繁体，用墨（或许是黑漆）书写，笔力雄浑苍劲。店名中几乎没有称“店”的，多称“行”、“庄”、“号”。

紫阳街上最气派的建筑，当推紫阳街南端入口处的揽秀楼了。三层高楼，雄居于紫阳街所有楼铺之上，飞檐凌空，“阳台”临街，雕梁画栋。现在开着饭店，余韵犹存。

木质的小楼中也有个别砖墙门的建筑，百年老店“同受和”茶食店、道光九年开设的名店“方一仁”药店便如此。新中国成立后临海开设的第一家银行“中国人民银行”，也占用了这样一个砖墙门店铺。这种店铺临街的一面是一堵砖墙，进了墙门是个天井，步过天井才是店面，可以想见，与直接临街的店面不同的是，这种店面环境比较清静雅致，不像直接临街那样喧闹嘈杂。

二里多长的紫阳街，呈南北走向，街的两边，除了有一条与紫阳街规格相当、商铺林立的西门街与之相交外，还有许多东西走向的小巷与之相交。窄小古朴的小巷，如百溪汇江，从东西两旁，流入紫阳街，与紫阳街浑然成为一体。小巷中民居的砖墙、青瓦、石窗，与紫阳街上的木质楼铺相映成趣。

紫阳街中段偏南，有口千佛古井，据说因每块井壁砖上都镌有佛像而得名，至今井水甘冽，仍见有人在井边洗衣洗菜。

紫阳街的南端正对着古城墙上的兴善门，城门外灵江边原有古津码头，是商贾、民众进出临海的交通要道。兴善门内风光秀美的巾山脚下，是远近闻名的唐代古刹龙兴寺。作为台州府的府城主街，又处于水陆交通要道，名胜古寺之旁，紫阳街昔日的繁华可以想见，称其“商贾云集，游人如织”应不为过。

紫阳街北端有个叫“五凤坊”的石牌坊，是明代的五位举人立的，巨大的石牌坊残柱至今仍存。说起明朝的抗倭名将，世人均会想到戚继光，其实明朝除戚继光之外，还有一位援朝抗倭，大败倭寇的文武全才叫王士琦。而王士琦的家，正在紫阳街的十伞巷内。王士琦是王宗沐四个儿子中的老二，父子五人，有四个考中进士，有三个官到巡抚，临海人称其为“父子四进士，一门三巡抚”。这一门高官，均为官清廉，政绩卓著，民众前后所送的“万民伞”有十顶，所以此巷就被称为“十伞巷”了。与紫阳街相交连的街巷中，樱珠巷是道教南宗始祖张伯端的居住地，张伯端号“紫阳”，紫阳街的北端原有座紫阳道观，“紫阳街”的命名便由此而来。

明朝时的临海，是当时倭寇最垂涎欲滴的富庶地之一，处心积虑想攻占临海的倭寇们，朝思暮想的温柔乡或许就是紫阳街吧？

时近中午，紫阳街的182号门口，徐奶奶躺在阳光中的躺椅中，耳边放着咿咿呀呀的越剧，虽然已经听不太清楚唱词。徐奶奶的爷爷那一辈起就住在紫阳街。她的爷爷活了100多岁，如今，徐奶奶也已经80余岁。

远处的路口，蛋清羊尾的吆喝声，面点煮汤的沸腾声，孩子们的笑声……这是紫阳街平凡的一天。

屯溪老街

时间之于屯溪，如同新安江在此段的平静，徐缓得如同老僧入定。

晨曦中的新安江边，早早便响起捶衣声，浣衣的妇人，偶尔也有汉子，在江边，洗濯衣物，如同他们的祖先在千年的岁月中，于江边的洗濯一样，青山不变，流水不歇。

屯溪老街就坐落于新安江边，发轫于镇海桥边那一段曲尺型街道，名为八家栈。“栈”一字隐约道出了老街兴于商。新安水运的便利造就了老街作为货栈的良好基础，享誉明清三百年的徽商又给予老街发展的无限空间。历经宋、元、明、清的朝代嬗递，屯溪老街逐渐形成如今的规模。

老街建筑之美

老街街道狭窄幽深，蜿蜒伸展，首尾不能相望，是中国古代街衢的典型走向。老街里亦有更为窄仄的巷弄，如老街的枝杈。偶尔去探寻一番，或会邂逅一位丁香般结着愁怨的姑娘，那就是另一番佳话。街石是赭色的大块石条，纹理清晰，洁净如画。走在石板路上，不知不觉就会走进回忆和历史。“旧时王谢堂前燕，飞入寻常百姓家”这样关乎历史兴衰的诗句不由自主会浮现心头。

老街建筑多为明清风格、变化多端高低参差的徽式阁楼，两三层的木穿榫式结构。正门上方，砌着门楼或门罩，采用水磨青砖砌成飞檐形式，用以挡住墙面上方流下的雨水，瓦檐下又用青砖嵌砌着对称而又富有变化的精美图案，构成一幅幅画作。老街上的店面虽不大，但古意盎然。门楣和窗棂上的徽派木雕，或方或圆，或棱或扁，形态各异。内容从人物到山水，从花卉到飞禽，从人文故事到山水美景，戏曲人物栩栩如生，民间故事委婉动人，新安山水秀美灵动。

老街店铺有沿街开敞式，也有内天井式。有的两进两厢，有的三进三厢，四周的走廊连接成天井，寓含徽州古建筑“四水归堂”和“肥水不外流”的意思。店堂一般较深，前店营业，后厢加工或储存货物，有的前店后居或下店上居。临街的店面都是可以灵便装卸的朱漆木板排门，装卸之间，如古早的光阴重返。店堂多装点以字画，或兰草，徽商几百年传承的亦儒亦商的高雅情调跃然堂前。

老街店铺之美

在游者稀少的雪天，屯溪老街若定格在黑白胶片中，是白墙、黛瓦和鳞次栉比的马头墙所构成的一幅疏淡的水墨画，格调如渐江的梧桐竹石图，清静幽远。

这时的老街，适于在“茂槐”或“汲古轩”这样的泛着古意的店铺里消磨时光。“偷得浮生半日闲”，泡杯酽酽的祁红，就着天井的天光，去细细地品字画，慢慢地琢磨那些雕花的窗棂，屋椽，瓦当，精美的石雕。或在红木圈椅坐下，用手摩挲那些泛着金石光泽的老坑歙砚，肌理细致得如同幼儿的肌肤，屋子里，或明或暗的炭火盆燃着温暖。店老板亦在一隅，或下棋，或看书，由着你细看细逛，不出一语招徕。

在游者甚众的春夏秋日，屯溪老街如同人群熙攘的旧京汴梁，清明上河图上的一条老街，繁华而流淌着世俗的荣光。红漆黑字的招牌，各具特色的小店，吸引着川流不息的人群。茶行多是改良了的建筑，透光的玻璃门脸里，各色安徽名茶熠熠生辉，名色徽式小食如徽墨酥黑豆干等整齐罗列。逛累了，也可作为歇脚之所，观一观茶道，品一品茶点。

老街食之美

徽菜闻名遐迩。位于老街入口处的“老街第一楼”有着睥睨屯溪美食界的气势，其道地的徽菜口味也为众外地食客所追捧。

徽州多山，食不可无笋。“老街第一楼”近年来的菜品在取徽菜之精华的同时，也推新出新，有了令人惊艳的新徽菜，夹肉手剥笋算是一例。鲜笋在开水中略煮，除去涩意，以刀在笋中间轻划一刀，另有以五花肉制成的上佳火腿蒸熟后片成薄片，夹于笋中，取肉夹馍的形式，风雅却远胜肉夹馍，名为夹肉手剥笋。

经典的如徽州名人胡适先生所推崇的“胡氏一品锅”，老街第一楼也是做得中规中矩，精髓法古，又不泥于古。一品锅由各色菜式一层层铺叠而成，素菜如干豆角、冬笋等垫底，再鸡，再豆腐果，再猪肉，再蛋饺……老街一楼的一品锅在传统的“五层楼”菜式中叠加了如基围虾等海鲜的部分，从而起到了提鲜的作用。在视觉的美感上，注重菜品的颜色搭配，使得青、黄、红交相辉映，令人看了就口中生津。

老街上另一家声名鹊起的食肆是“汪一挑馄饨”。从提篮挑担的糊口营生发展到在老街的侧巷开出一家门脸齐整食者如云的正规堂口，汪一挑馄饨创造了新徽商的一则传奇。

老街文化之美

屯溪老街因徽商而兴，也因徽商所注重的徽文化而得以独具魅力和特色，历百年而弥新。

在屯溪老街，文化的痕迹处处可见。以粉墙黛瓦马头墙和砖雕、石雕、木雕为主要特征的徽派建筑文化，以同德仁药店为代表的新安医学文化，以书画、匾额、楹联为代表的新安书画文化，以老街第一楼为代表的徽菜文化，以歙砚徽墨为代表的文房四宝文化，以馆藏器物和工艺品为代表的民间器物文化，以及徽州茶文化，这样的文化底蕴滋润着徽州人和徽州人引以为傲的屯溪老街。

整条老街店铺300余家，其中历史悠久的就有60多家，“同德仁”“茂槐”“老福春”“汲古轩”“艺林阁”“徽宝斋”等老店，都挂有“老字号”牌匾。

老街上还有两家各具特色的博物馆。一是公立的屯溪博物馆。以《徽州砖雕艺术展》《徽州人物容像展》《明清家具展》三大主题展示徽州的砖雕艺术、绘画艺术和古代家具艺术，以及从中延伸出来的古徽州风土人情、纲常礼教等。

老街上的另一间博物馆是私立的万粹楼。楼高四层，采用了明清时代古建筑所遗存的旧构建的精口，按照徽派建筑的风格重建而成。

屯溪老街之美，需拨慢你的时间，沉淀你的心情，从细处慢慢体会。

黄山渔梁老街

出了歙县城南门一里，渔梁镇就坐落在流水潺潺的练江边。从空中看，渔梁镇形似练江里的一条大鱼，有鱼头，有鱼腹，有鱼尾，甚至还有鱼鳞。渔梁老街是一条两端低中央高的弓形路，鹅卵石铺路宛如鱼鳞。

渔梁街兴于渔梁坝的修建。渔梁坝是练江中的一道滚水石坝。由于四水汇注练江，江流在此地突然变得湍急，水势也因高低落差而陡降。唐代时开始垒石为梁，缓流蓄水。后经过宋、明、清历代修缮，形成了今天的渔梁坝。如今，古坝犹存。坝下河床乱石嶙峋，练江由此飞流直下，形同瀑布，浪花如雪，涛声如雷。

渔梁坝建成后，坝下一片水面成为理想的航船停泊处，“龙船坞”一带最多时能停靠300余艘船只，号称古徽州通往杭州的第一大码头。交通的繁荣刺激着古镇的发展，最终使这一带形成一个集商业、交通转运、货物集散和船工集居地为一体的古街区。茶叶、竹木及其他土特产从这里源源运出，沿新安江下至杭州；食盐、煤油、布匹、百货等又经此处不断输入。清末至20世纪60年代，渔梁古街商业繁盛一时。

码头文化造就了渔梁镇与诸多皖南古镇不同的文化。古代渔梁街上生活的多是船工渔民商户，几乎没有官宦大家，因此，深宅大院极少，皖南古民居典型的“四水归明堂”、“水口”的特征在这里没有体现，“忠孝节义”的牌坊在渔梁街上也没有存留。

渔梁街最有特色的是古街的路面和两边亦店亦宅的住屋。

古街的路面，鹅卵石密而不乱，一块块镶嵌成一条条鱼形状，一路蜿蜒，为行人添了情趣。听当地人说，满街的鹅卵石是防雨防滑的。渔梁街靠着码头，在繁华喧闹的年代，来往穿草鞋的劳动者，一路荷重踩着鹅卵石，脚底便有了踏实感。

渔梁街上临街而建的二层建筑，底层面街多为整间的木铺板门，随时可以打开，便于运货、经商；同时，洪水来临时还便于泄洪。居民逢大水时便把前后木板拆下，只剩框架受水冲击，大大加强了房屋的抗洪能力。当洪水退去，把屋里沉积的泥沙清掉，再装上木板、门槛，又可正常生活。

渔梁街中段有一座水磨砖雕门楼、黑漆大门的院落，与周围建筑的简朴不同，便是巴慰祖故居。巴慰祖是乾隆年间声名显赫的篆刻大师。其故居坐北朝南，二层三进。高大敞亮的客厅四周挂满字画，玻璃柜中陈列着各式名家印章，小小阁楼因为众多的宝物而光芒四射。

渔梁街和练江平行，朝江一面的小巷都通往码头，靠江一边的店铺往往也是前街后江，可直接到达公共码头或私人码头。走出渔梁街，渔梁坝上游，一座三角形的小亭挑檐入江，显得十分孤寂。这便是著名的太白问津处。离三角亭不远，是白云禅寺。据宋《太平广记》记载，唐天宝年间，大诗人李白在洛阳同华传舍看到许宣平的一首题壁诗：“隐居三十载，筑室南山巅。静夜玩明月，闲来饮碧泉。樵人歌垅上，谷鸟戏岩前。乐矣不知老，都忘甲子年。”被李白惊赞为“真仙人诗也”，于是欣然动身寻访许宣平。

李白沿新安古道来到渔梁古镇，登上一翁独撑的渡船。在船上，李白向老翁打听许宣平的住址，老翁笑答：“门前一杆竹，便是许翁家。”李白访仙心切，一时竟没有悟出话中含义，待下船后才突然想到“门前一杆竹”不就是渡船吗？原来撑船老翁便是仙人许宣平。回头再找，老翁和渡船早已不知去向，后人便在此修建了李白问津亭。

在渔梁街，但凡节日，“石头馃”和“抬阁戏”是不可少的两道佳肴。“石头馃”采用山泉和上好的面粉团，包上各种配料独特的馅料，春有香椿嫩笋，冬有梅干菜，做成两面厚薄均匀并撒上黑芝麻的馃，放在平底锅中，馃上放一块圆形青石，或拾于练江中，用木炭文火慢慢烘熟。烘好的馃，集香、黄、酥、脆于一体，味美可口。

相传乾隆南巡，来到徽州府渔梁坝，见一老翁馃摊的平底锅内，有许多乌黑发亮的圆石头压在一个个馃上，很是好奇，就买了一个吃，连声赞赏“好吃”。老翁听见叫好声，便双手捧起一个放有香椿嫩头还“嗤嗤嗤”作响的石头馃，送给乾隆说：“这个送给客官，不要钱。”乾隆吃罢无比高兴，临走送给老翁一枚福字小印说：“以后有难处，拿去找官府。”有一天当地恶少寻衅滋事，踢翻了老翁的平底烤锅，因用力过猛，锅片飞起自伤了左眼，便抓老翁到官府评理。老翁急中生智，忙将那枚福字小印呈给知府。知府见刻有“乾隆御制”字，马上喝令退堂，然后向老翁赔礼道歉。从此，老翁的馃摊生意在徽州府独占鳌头，徽州石头馃也随之身价百倍了。

“抬阁戏”则是精神大餐。木制的带有栏杆的平台，约有二平方米大小，离地面高约一米。前后有杠台两个，以长木穿过，四人或八人抬杠。平台周围饰以雕栏，挂上青纱帐幔，形成一个小舞台。演员是装扮成各种不同戏剧人物的孩童，他们在抬阁上表演节目中的人物造型，并随着戏剧情节的变化不断地改变着造型和动作。“二十四架抬阁接得长，喧天鼓乐奏笙簧；扮得全本《和番记》，尽是孩童装扮貌轩昂。”

春日的渔梁老街沐浴在宁静而幽远的暖阳下。老街游走于光和影的旋律中，如同漂浮在练江柔波旁一个永远的不褪色的梦。渔梁老街，正从桨声水影里走来……

山　东

青岛八大关

青岛，还熟睡在浓浓的秋意中。

不过，这浓浓秋意不会均匀地分配给一座城市的每个部位。有些地方只说得上有一点含蓄的表达。赏秋，还是要去青岛的八大关。

八大关位于湛山西南、太平湾一带。上世纪20年代末，八大关被规划为别墅区，修路建屋，旧街区也更名换姓，统一用旧时的关隘命名。八大关面积不大，悠闲地走，平时的两步换作三步，一个小时可以遍及每条街道。街道是弯曲的，像卧蛇；路面是起伏的，像波浪。街道两边的树木因街名不同而不同。韶关路是碧桃，宁武关路是海棠，紫荆关路是雪松，正阳关路是紫薇，居庸关路是银杏，嘉峪关和临淮关路是五角枫。枫叶和银杏叶在深秋季节获得了充分表演的舞台。它们每分每秒都发生着变化，变黄，变脆，落满屋顶和窗沿，当然也落满了一地。清洁工不会去清扫，他们所做的工作就是拾拣夹在叶片中的纸屑或其他杂物。从太平湾刮过来的海风，承担起让落叶在天空中翻飞的任务，落叶之间好像也在比试看谁在空中盘旋的时间更久。秋的萧瑟，至少在形式上加剧了一栋栋别墅的衰老，风雨剥蚀，皱痕满面。有些别墅的围墙可以一跃而过，院门一推就开，无人阻拦。

历史上青岛留住过许多文化名人。老舍住黄县路6号（今12号），有长篇小说《骆驼祥子》问世；沈从文寓居福山路3号期间，构思酝酿了代表作《边城》；梁实秋则在鱼山路7号（今33号）度过了他“家庭生活中最幸福的四年”，还有王统照、闻一多、弘一法师……无一例外的是，这些文化名人中没有一人和八大关有过牵扯。这说明在今天看来不算十分奢华的八大关别墅区，从前却是贵族政要的领地。

花石楼在那些不算十分奢华的别墅中属于例外。花石楼坐落在太平湾岬角的岩石上，雍容，傲气。确切地说，它是一座糅进了俄罗斯建筑艺术风格的哥特式古堡。和俄罗斯沾边，大概与它最早的主人是一位俄罗斯人有关吧。花石楼对游人开放。一层摆放了几件明清家具，二层空无一物，三层出售旅游纪念品，四层是观景台。人们感兴趣的除了这座楼的建筑特点，也在寻找传说中的历史场景。1946年东北战事紧张，蒋介石秘密飞抵青岛研究对策，下榻花石楼。1949年4月，人民解放军攻克南京，蒋介石再次飞抵青岛下榻花石楼，与美国特使和美国西太平洋舰队司令白吉尔密谈，请求美军“坚守”青岛。美国权衡利弊，最终决定从青岛撤军。蒋介石无奈之下只好飞往台湾。花石楼展出的一张朱漆大床是蒋介石使用过的仅存的物件。花石楼层层有阳台。站在阳台上凭栏眺望，秋雾散去，阳光洒在海面上。此时，海涛和海浪拍击海岸的声音显得有些兴奋，渐强，渐弱，又渐弱，渐强，最后凭借风力将演奏推向高潮。美景如斯，遥想当年的蒋公也提不起什么兴致吧！

位于居庸关路16号的公主楼传说是参考了安徒生童话中的意境设

计的，造型如梦幻，但从未有公主住过。公主楼倒是与丹麦王子有关。1929 年丹麦王子乘宝隆洋行的大型邮轮菲欧尼亚号作远东旅行。寄港青岛期间，太平湾的美丽风光让王子动了心，随即委托宝隆洋行在此购地，给他所爱的公主建造一座避暑行宫。浪漫的故事总是令人遐想。公主为何不来这里哪怕是几日的小住？是公主不愿意接受王子在异国备下的这份礼物？或者，有其他什么原因？

有的事情令人费解。八大关的早期建筑距今不过七八十年，但有些建筑已无从考证它们的第一任主人，留下种种有待剖解的迷津。青岛解放后，八大关区域的房屋，一部分是没收的官僚房屋，一部分因房主出境由政府代管，一部分是中外人士的私人房产，政府出资买下后辟为疗养所。八大关别墅有德式、美式、英式、俄式、日式、西班牙式，有的是北欧风格，如芬兰和丹麦。近几年一批影视作品选择这里为拍摄地。电视连续剧《宋庆龄和她的姐妹们》中宋庆龄一家在美国生活时的场景，便是在居庸关路 14 号拍摄的，这里也因此被称为“宋家花园”。太平角一路 12 号曾是芬兰驻青岛领事馆，它的隔壁 14 号在电影《白雾街凶杀案》中被当做“凶宅”，这条街也叫“白雾街”。

诗人光未然有一首《紫荆关路小照》：“千手观音着绿纱，雪松夹道吐芳华。一日三回看不足，翠袖相邀最是她。”在这里，光未然着意描写了紫荆关路上的雪松。雪松是冬天的装饰品。

冬天真的要来了。秋，离去的脚步越来越紧。

一阵秋风，一片落叶，八大关宁静的空气中开始出现躁动。

青州昭德古街

昭德古街于我分明是熟悉的。

古街屋瓦上的草、不加修饰的青石片街、路人温厚的气息，于我都是熟悉的。

在安徽寿县的留犊祠巷，那大夫第的老宅前，我也曾见过屋瓦上长长的草，也曾见过不加修饰的青石，也曾见过宅子高高的进门槛和门上的回族文字。

历史的痕迹如此相似。

青州，为历史上的古九州之一。《尚书·禹贡》记载“海岱惟青州”，因地处海岱之间，位于中国东方，“东方属木，木色为青”，故名青州。这里是原始文明中东夷文化的发源地。东夷文化从距今 8300 年前的后李文化起，历经北辛文化、大汶口文化、龙山文化、岳石文化，都是东夷人所创造出来的不同阶段的文化。

那个目前发现的最古老的汉字，上端一个圆像一个太阳；下端一片曲线，如水波海浪，又如五个峰尖的山脉，刻于大汶口文化出土的黑陶尊。同样是这个古老的汉字，在安徽蒙城出土的刻纹瓮，在寿县出土的陶器上，也有着它的刻印，它们见证了史前文明的迁徙和散播。

在漫长的史前阶段，东夷人靠他们聪颖智慧的心灵和勤劳灵巧的双手，制造出了实用、精美的石器、骨器、玉器等生产工具和生活用品；

早在距今4500年前的龙山文化时期，东夷人就已经进入阶级社会，并出现了国家，标志着文明社会的开始。

作为渤海出海的交通要道，古青州在春秋时期就已经有了和西域的通商往来，应该同时也是海上丝绸之路中，向朝鲜、日本出口贸易的源头所在，有专家称它为“丝绸东路”，青州从而成为了古代丝绸之路最早的发源地之一。

很快，集市在这里成形。到元朝时，诸多来自西域的回族商人移居青州，在当时青州城内的东关一带形成聚居区。围绕着熙熙攘攘的集市，他们修建起清真寺，定居了下来。

昭德古街是青州城里回民聚居的一条街道，由此具有浓郁的民族特色。

真教寺，位于昭德街西侧。既是伊斯兰教群众进行宗教活动的场所，又是著名景观。它始建于元大德六年（1302年），是当时全国三大真教寺之一。经历代修葺，规模不断扩大。它融会中外建筑之精华，既有中国宫殿式建筑的特色，又明显地带有阿拉伯式的建筑风格。

院内广植松柏、银杏等花木，给人以幽静肃穆的感觉。正中为全寺的主体建筑——大礼拜殿，坐西面东，面积600多平方米，能同时容纳七八百人进行礼拜。大礼拜堂为三券殿式样，由前殿、中殿和望月楼相连组成一体，整体是“主”字形，殿顶起伏有度，气势宏伟。另外在大殿两侧，还分布着沐浴室、敬义堂、北学堂和“乜帖”等小型建筑。

昭德古街由东门街、东关街、昭德街、北阁街、粮市街及其两侧的街巷组成，全长 3000 多米。它们南北相通，东西相连，形成了一组“连线成片”的古建筑群。街的两边多为老店铺，青砖小瓦，古式的木质小插板门，依稀可见当年这里商贾云集，游人如织的繁华。古老的民居和商铺错落有致，出檐的梁柱和弯脖的斗拱，古老的窗棂和斑驳陆离的木门，在不经意间暴露了古街的古老与沧桑。

古街边的老房子都排排相对，一家的院门对着另一家的院门，像对偶一般格律整齐。如今，这里保留下来的房子大多建于明清两代。与大部分的中国北方民居一样，这里的建筑具有朴素淡雅的风格，主要以茅草、木材为建筑材料。

昭德古街人文荟萃，名胜众多。历史上曾有过王曾的“宰相府”，赵秉忠的“状元坊”“软绿园”，还有“昭德阁”“海岱阁”“山西会馆”等名胜。软绿园是明万历年间状元赵秉忠别墅，位于北阁子南，青龙巷内，今已不存。另外还有北阁街北端的北阁子，又称玄帝阁，因上层有玄武大帝的神像而得名，今仍有遗迹。再如青龙街东头的东阁子，又名碧霞阁，上层为碧霞祠，建国后成为学校，即现在的青龙回小。另外，昭德街南有昭德阁，东关街口有海岱阁，北阁街外有新街阁。山西会馆系清代中期晋人所建。原址在东关穆家巷以东，占地三十亩，围墙高两米，大门坐北朝南，门内有高大的影壁，左右各有一石鼓，过影壁，有东西两厢房，内塑雄健马夫，各牵一匹泥马。穿过中门是一排五间戏楼，戏楼北五间正殿，殿中泥塑关羽坐像，高三米许，赤面长髯，做夜读春秋状，肃穆端庄。1933 年有两晋人将会馆拆毁变卖，今已无存。当年，昭德古街商号云集，会馆林立，老字号也颇多，如糕点老字号“隆盛号”“公义和”“泰盛和”等，皮毛业字号“中和”“中兴”“万聚”等，制帽老字号“吉顺兴”“元顺兴”等上百家。现在的“隆盛”糕点生意兴隆，妇孺皆知。

在昭德古街，没有刻意的商业痕迹，有的是本真的普普通通的生活。这或许是昭德古街最大的魅力所在。

江　西

黎川老街

黎川，位于武夷山西麓，黎河水从这里发源，流经黎川老码头，流向赣江、流进洞庭湖、长江。这条黄金水道在一千多年时间里，源源不断地将福建的木材、茶叶、布匹、纸张流向全国各地，成就了黎川漕运发达的同时，也成就了江右商帮的兴盛，黎川也因此成为明清时期闽赣两地的商贸重镇。

"对铺二丈隔骑楼，长街十里不打伞"，繁荣的商业经济需要，促成了这条既有利买卖双方遮阳挡雨、又统一和谐规模宏大的骑楼式（俗称跑马楼，意为楼下人行道可以跑马）商业长街。随着商帮的风流散尽，它就像一个奔走的汉子，终于停住了脚步，立于黎川县城一隅，洞察着岁月世事。它是沧桑的，所有的骑楼都已破败委身于世俗红尘；它又是厚重的，所有的骑楼仍然站立在今天，看着生活在此的人们奔忙，进出，来来往往。

而一条老街，只不过是生活的一个切面。如果少了水，少了桥，少了文人雅士，韵味自是大大减少的。黎川老街，因水生动，因名人而风流。

在老街中段两河交汇处，一座始建于明朝的新丰桥百年如一日地为过往的乡民商贾遮风挡雨，廊桥两端阁楼式的桥头堡、廊桥间供人歇脚的坐椅、廊桥顶的琉璃瓦，无不让人感觉到历史的积厚；而距新丰桥百米之遥的横港桥，则直对张恨水故居，石拱桥古老而又静默，河对面的张恨水故居，则有点破败。

张恨水故居是一栋依河而建的二层木楼，走进厅堂，首先映入眼帘的是几个大灶，入夜了，还居住在此的主人们在大灶间忙活着，几家人边炒菜边谈笑，不时有“嗤嗤”的菜下油锅的声音，随即，炊烟袅袅生起，菜香味从一楼直冲二楼……1905 年，随着任晚清盐税官的父亲赴任黎川的少年张恨水，是坐着黎滩河上的乌篷船踏入江西的，“我父亲接我们到新城县（即今黎川县）去，坐船走黎水直上。途中遇到了逆风，船老板和伙计一起上岸背纤，老板娘看舵。我在船上无事，只好睡觉。忽然发现船篷底下有一本绣像小说《薛丁山征西》，我一瞧，就瞧上了瘾，方才知道小说是怎么一回事”，张恨水在自己的回忆里，直接把这段少年的回忆称为“梦里江南”，并认为这段经历对自己的文学成长起了至关重要的作用。

如今，张恨水故居仍然在黎河边静静伫立着，从故居随便往河边一望，就是潺潺的河水，捣衣洗菜的妇人孩子们，还有在河中载鸬鹚撑船而去的渔者……这让人不由自主地想起沈从文笔下的《边城》，想起他梦中的凤凰古城竟然也是同样的情境：“山头夕阳极感动我，水底各色圆石也极感动我，我心中似乎毫无什么渣滓，透明烛照，对河水，对夕阳，对拉船人同船人，皆那么爱着，十分温暖地爱着！……我看到小小渔船，载了它的黑色鸬鹚向下流缓缓划去，拉船人的姿势，我皆异常感动且异常爱他们……”

老街因濒水，分为三段：从前步街、南津街、陌市街。街名与黎滩河的流向密切相关。黎滩河总体由东南流向西北，而流至老街这一段却是由东往西流。古时东西方向的路称陌，南北方向的路称阡，素有阡陌交通之说，因此黎川地名中既有陌头上，也有陌市岭背。

明清以来，老街最繁华、最具商业价值的当属南津街，而豪门高宅最集中的却是陌市街。

黎川通往南城、抚州、南昌等地的陆路并不畅通，黎滩河便成了重要的交通通道。当年的黎滩河，水量充沛、河道深广。从县城到抚州、到省城，最方便是乘坐篷船，货物、人流的运输主要靠船只，而新丰桥西侧一带，则是天然的好码头，被人们称之为“南津”。“南津”是

“繁富甲新城（黎川）”的地方。这里的河埠，船帆星点，商旅如云，白日人头攒动，至晚笙歌达旦。南津街就因这个渡口而命名。此处有个彭家码头，那时是“南津”渡口最重要的货物转运站。从南昌，甚至武汉、上海等地的物资，逆抚河而上再上溯黎滩河，到这里卸下。有很多物质，再通过彭家码头，由商贩的独轮车、挑子越过武夷山，转到福建光泽、邵武、泰宁、建宁、顺昌、将乐乃至福州等地。同样，福建武夷山一带的山货及福州一带的海货，则通过商贩越过武夷山来到“南津”的彭家码头，再由此上船运至南昌等外埠。当时福建进入内陆，交通极为不便，黎川，就成为江西福建两省的重要通衢。由于这种特殊的地理位置，促成了南津街的商业繁荣。黎川，以新丰桥旁边的南津街最

繁华，这里的商铺生意红火，商品来自四面八方。各地客商设会馆于这一街上，黎川商会也就设在新丰桥边上。其时，江西有两大药帮——樟树的“樟树帮”和南城的“建昌帮”，而“建昌帮”的发展就是通过黎川这个码头，延伸到福建各地，进而形成在全国都颇有影响的药业集团。商业的繁荣促进了城市的发展，黎川老街趁势而起。而老街上的骑楼式商业街格式，远超过曾经的郡府南城，颇有赶超抚州之势。

而高门豪宅之所以相对集中于新丰桥以上的陌市街，是因为其背靠“南山”，而“山”的南面，就是黎滩河。背有靠“山”，前有河流，有河流就有出路，有出路就有希望，有希望便能兴旺发达。因此，这一带属建房的风水宝地了。陌市街众多的明清老厅，建筑上都有共同特点：均是坐北朝南，大门气势雄伟；门前一个围院，又有东门出街；大厅一般是三层进的，两天井，中厅两侧大多伴小厅（横厅）；厅里的房间，几乎是每一间都可相通，都有正门，又有侧门。陌市街头的“叶三益大厅（大夫第）”，最具这种古宅风格，也可称得上是这种古建筑的代表作。一座大门，高大雄伟，三层大厅。门前两侧两处小厅，下厅和中厅之间东西各一条小横巷，东边一处小厅，西边两处小厅；中厅和上厅之间又各有一条小横巷，东西边各有一处小厅。这座豪宅，老者称作“七星伴月”。大厅是“月”，旁边七处小厅便是“星”了。整个建筑既是一个整体，而每间房间又都有侧门相通，这种结构具有防火、防贼、防流寇的特殊功能，而且便于内部与外界的联系。

老街房屋的布局，构成特殊的一种文化氛围，形成融洽和谐的邻里关系。住在这些老屋里的人们，关住自家门就是一小家，打开自家门便是一个“大家”。各家各户关系紧密，谁家做了米团之类的食品均要各家分尝一些，买来一个大西瓜也要各家分享一些。如果谁家有事，不用招呼，大伙儿自觉登门，排忧解难。邻里之间遵守着“远亲不如近邻”的古训。

山光水色，一切都是美的，就像这古城的生活，活色生香而又淳厚浓重。

湖　南

长沙太平街

汉：2180年前贾谊的青春开场白

太平街第一次出现在历史中，是在2180年前。

一位二十五六岁的年轻人，从长安（今西安）皇帝的身边，乘着船来到在“中原视野”中鄙夷的“蛮荒”的长沙，作长沙王的太傅。他叫贾谊。

贾谊来到长沙，住在太平街，一住就是四年。

船近长沙之时，贾谊写了一篇《吊屈原赋》，委托湘流送达已经逝去的屈原的身边。

到长沙三年后，一个太阳西偏“四月孟夏”的日子，忽然一只猫头鹰，飞到贾谊在太平街的房子里，神态很悠闲地站在座位一角，望着贾谊。白衣飘飘年纪的贾谊由此开始了他的一段忧伤的青春开场白，他问猫头鹰：“野鸟你飞到屋里，寓示着主人将要离开长沙的太平街，我将往哪里去？前途是吉还是凶，我会活多久，请告诉我一个期限？”

贾谊在长沙住过的房子今天还保留在太平街上，叫贾谊故居，因后人在其故居祠祀贾谊，又称贾太傅祠。

稍迟于贾谊时代，年轻的司马迁曾乘船浮过洞庭湖，来到长沙的贾谊故宅。

司马迁在他后来的著作中，将同样贬谪到湖南的屈原与贾谊合写成一篇文章《屈贾列传》，后来的人遂将屈原的像一度搬到贾太傅祠里祠祀，贾谊故宅因此又称作屈原贾谊祠。

后人便将贾谊住过的太平街，作为长沙这座楚汉历史文化名城中屈原和贾谊的纪念地。根据北魏《水经注》、唐代《元和郡县志》、宋代《太平寰宇记》等记载，太平街上，贾谊虽然只留下一个青春的背影，但贾谊故宅却在历朝历代，作为长沙城市的地标保留了下来，在太平街，贾谊与东晋长沙郡公陶侃一度共祀一个庙中，而贾谊故宅的隔壁则是20多岁即率领子弟兵讨伐董卓的长沙知府孙坚的乌程侯庙。

青春的灵魂总是穿越时空相聚在一起。

商业的繁荣

太平街繁荣是在清代，因临近湘江码头，水路通往各地，商业发达，商贾云集，是长沙城内最繁华的所在。为满足货物和居民出入城需要，地方政府在大西门和小西门之间新开一门，名太平门，意指皇恩浩荡，天下昌盛平安，也是太平街名之由来。

从历史角度看，真实生活在太平街上的，最有名的是个叫朱昌琳的人，咸丰年间在太平街中段开设乾益升粮栈，靠经营谷米起家，粮食储量为十余万石，自储自营，不寄客货，后又转贩盐茶，开设钱庄，投资近代工矿业，成为长沙首富。乾益升粮栈是中西合璧式建筑，其立面造型运用了西洋近代建筑手法，如不对称的房间布局，而山墙做法又具有明显的长沙地方特征，被列入“不可移动文物”保护名单。如今建筑的名字叫“太平粮仓”，里面展出的湖南乡土风格砂岩画，被列为湖湘文化遗产。其实，粮栈主人除了是长沙首富外，今天还有另一个更能提高知名度的地方——他是原国务院总理朱镕基的曾伯祖父。

太平街不只是会展示其古老的一面，也有其时尚的一面。古老可看创建于清咸丰三年的利生盐号，甘家太爷创立以经营湘中黑茶为主的玉泰和茶行，清咸丰三年由宝庆人杨长贤兄弟开设的杨隆泰钉子铺，始创于民国初年的老通义油漆行，创立于民国初年的农民银行等。最吸引人的还有四角飞翘、青黑色筒瓦与朱红色木构相搭配的宜春园古戏台，似乎随时有角色会从戏台两侧登台亮相，演绎湘剧、花鼓戏、长沙弹词、长沙评书、长沙渔鼓、长沙山歌、木偶戏、皮影戏、民间故事等地方戏曲和曲艺。

太平街很古老，古老的是历史赋予建筑的外貌；太平街很青春，青春的是岁序轮回的活力。

晚清：辛亥革命党人的青春行走

太平街在明清两代变成商业繁华之区，人文精神有所衰减。但晚清时期，太平街又被青春狠狠地撞了一下腰。

近现代文化名人长沙人章士钊，忆起年少时，正当晚清湖南维新变法，他曾去考时务学堂的旧事。章士钊始终无法忘怀 1897 年长沙维新变法敢为天下先的那段青春的激情。当时是“湖南变，而天下变”，虽然章士钊在那次考试中，没有考入时务学堂，但有幸参加这样的考试，也让他对太平街的青春吟怀不已。

当年，时务学堂第一期考试录取人数仅 40 人。据谭嗣同致汪康年的信中说，报名才几日，人数已逾两千人。而《新知报》后来更披露，时务学堂第一次应考报名人数达 4000 人。这 4000

人的年龄要求是 14 至 20 岁，并且从 4000 人中只录取 40 人。

但当年这 4000 多名少年，曾经浩浩荡荡以青春的姿势行走在太平街上，他们要到贾太傅祠前作考前的照相，体检。后来成为民国初年国务总理的熊希龄，作为老师，在太平街上悉心照料年幼的学生，年幼的学生中就有被录取的蔡锷。而其实熊希龄，自己也不过是 27 岁的翩翩少年郎。后来时务学堂有未死于武汉自立军起义的学生，对于他们的青春，仍有一种不知怎样唱怎样歌才有的得意，只好拼命地在太平街的贾谊故居里诵读他们时务学堂的老师梁启超的《少年中国说》，以长歌当哭。

辛亥革命，武昌是首义（最先起义）之地，湖南则是全国首应之地，最终清朝廷被彻底推翻，皇帝被彻底打倒。而长沙太平街，则是湖南辛亥革命的重要策源地。

太平街马家巷 17 号，是清末旅社同福公栈旧址。辛亥革命时期，革命组织共进会湖南总机关设在此地。太平街孚嘉巷 42 号这幢中西合璧的公馆里，焦达峰、彭延胜等人建立的晚清秘密会党四正社亦设此。

这就是太平街。

这就是“屈贾文化纪念地、传统商业民俗传承地和辛亥革命湖南策源地”太平街。

这就是“古老长沙”的缩影，自战国时期长沙有城池开始，作为古城的核心地带历经 2000 多年没有改变的太平街。

太平街，这样一条不长不宽的老街却承载着展示湖湘文化魅力、体现传统商业民俗风情的重任。行走古街，除了能直观感受到石牌坊、麻石路、封火墙、古戏台这些标志性古建筑符号所带来的视觉冲击之外，更多的是领略到一种历史积淀所散发的文气与韵味。

福　建

福州三坊七巷

从塔巷门楼拐进三坊七巷，一进巷口，顿时觉得进入了另一个世界。小巷两边高大的门墙如同一座山谷，连绵不绝，马鞍形的封火墙在上空勾勒出优美的天际线，仿佛云彩飘浮在谷中。

福州是一座拥有 2200 多年历史的名城。唐开元十三年设福州都督府始称福州。五代梁开平二年闽王王审知扩建城池，将风景秀丽的乌山、于山、屏山圈入城内，从此福州成为“山在城中，城在山中”的独特城市。清代陈衍诗云：“谁知五柳孤松客，却住三坊七巷间。”这大约就是“三坊七巷”的由来。

“三坊七巷”是以南后街为中轴，从北到南依次排列两旁的十条坊巷。向西三片称“坊”，向东七条称“巷”，自北而南依次为：“三坊”衣锦坊、文儒坊、光禄坊，“七巷”杨桥巷、郎官巷、安民巷、黄巷、塔巷、宫巷、吉庇巷。

坊街口设着拱墙，而巷口则立着牌楼。“三坊七巷”的拱墙和牌楼，个个不同，一清二楚地表示出如何穿街走巷。于本地人而言，即使在没有月光的晚上，走在迷宫般的小巷里依旧是熟门熟路的。而于外地人，这样的拱墙和牌楼在指路之余，更多的是贴合巷落的历史由来，而赋予了其不同的艺术表现形式。如宫巷牌坊上的别致的字体和楹联，郎官巷牌坊独特的视觉效果。

今日的“三坊七巷”是以一种“异常干净”的方式存在于南后街的枝杈里。鲜亮的白墙，清水般的瓦片。院落、人家、雕甍、门头画，在修旧后以一种新鲜的旧感生机勃勃地存在着。而在“三坊七巷”的旧年存照中，拱墙和牌楼多是颓废着，在如蛛网的电线中，在杂草中，粗枝乱服的存在。或许，那是另一种不加修饰的美。

在“三坊七巷”，时常被无数熟稔名字的出现而惊喜着。那个写过“意映卿卿”的林觉民，“小橘灯”作者冰心先生的纪念馆，在杨桥巷中；沈葆桢故居，在宫巷里；严复故居，在郎官巷。上百个近现代著名人物，都在这里登场，每条巷子都有好几个，你就会怀疑，你是不是走在纪录片里，穿巷走户地追星呢？徜徉在三巷七坊中，如果你想对闽都文化作更深入的了解，还可走走博物馆。比如锦衣巷的“水榭戏台”，建在湖上的戏台，台上飞檐翘角，台下涟漪丝丝，这里是戏曲演艺中心。比如郎官巷的“二梅书屋”，你可欣赏明清的各种木结构建筑及家具，这里是家具民俗博物馆。比如吉庇巷跨南后街的民国海军总司令蓝建枢故居，就成了“闽都民俗文化大观园”。比如在吉庇巷南澳门路旁，就有“林则徐纪念馆”。你只要进去，就会领略到福州很多有特色的东西，从而更好地了解闽地的历史发展及民俗文化的变迁。

郎官巷 25 号，是一座十分典型的明清时期福州民居，它的建筑“一屋跨两巷”，总面积2400 平方米，前门开在郎官巷，后门开在塔巷。门楣上高挂着“福建民俗博物馆”匾额。博物馆的主建筑是二梅书屋，清代凤池书院（福州一中前身）山长林星章的旧居。

林氏旧居的高墙上有着的色泽鲜亮活泼的墙头画。这是明清时期福州民居的典型特色之一。进得旧居，迎面而来的是厅堂前摆放着的一件珍品黄杨木雕祝寿大屏风，厅堂案桌后方悬挂着一对“廉慎传家政，文章作代谟”抱柱牌匾。放在书屋入口处的珍品，这是邓培风在嘉庆十四年（1809 年）仲秋为其家人撰写的祝寿屏。屏风由 10 片组成，鸡翅木作框，内嵌黄杨木雕花鸟。博物馆里还有清代的红豆杉翘头案、十二扇书法条屏、清朝同治年间的漆金木刻跋步床，都是明清家具的珍品。二梅书屋始建于明末，是福州最著名的古书屋之一。清末福州籍军机大臣林绍年，在其未显达前，经常在二梅书屋读书，此公曾因强烈反对慈禧修建颐和园而遭贬。紧靠二梅书屋有一个南北长约 10 米的“雪洞”，给游人带来不少乐趣。

民居之外，“三坊七街”令人印象深刻的还有花灯和漆线雕工艺。

早在宋代，福州的花灯就极出名，据宋《武林旧事》载，福州用纯白玉镶嵌的花灯“晃耀夺目，如清冰玉壶，爽彻心目”，在入京参展的花灯中被列为上品。当时全国各地都有制作花灯，苏州和福州最好，福州更在苏州之上。

福州素有送灯的习俗。因“灯”与“丁”福州方言是同音，送灯意谓“添丁”。有了需求，就有了市场，南后街是制作售卖春节花灯的最大集市。早年福州女儿出嫁，不论有否生育，娘家都得送灯，没生育就送“观音送子”灯或“天赐麟儿”灯，孩子出生了第二年就送“孩儿坐盆”灯，第三年以后送“橘”灯，有几个孩子就送几盏，一直送到小孩 16 岁为止。居住在宫巷的清嘉庆举人、林则徐好友杨庆琛的《榕城元夕》竹枝词对此有生动的描写。词曰：“天赐麟儿绘彩缯，新娘房中霞光增。宵深欲把金钗卸，又报娘家来送灯。”福州童谣有：“正月元宵灯，外婆疼外甥（孙），送来红红橘子灯，吉利又添丁。”福州的花灯美得令人屏息，一盏盏花灯集雕刻、绘画、书法、造型、配色、漂染于一身，极富工艺美术价值。灯中的人物故事，山水风光，民俗风情都饱浸浓厚的文化内涵，美不胜收。

漆线雕艺术亦是福建民俗艺术的一绝。它集景德镇陶瓷、福建脱胎漆器和景泰蓝于一体，富有特殊的艺术美感。早在明末时期，漆线雕艺术便在闽南出现并得到发展，到清康熙年间，漆线雕艺术走向高贵，在闽南一带为达官巨贾和大寺大庙珍藏。漆线雕以连绵不断的线紧密地盘绕做出层次丰富而繁复的纹样，并且重重叠叠。在光照下极为立体，以线条极尽精微地表现出卷云、柔水、繁花、缠草。在“三坊七巷”的民俗和非遗馆里，漆线雕装饰的盘、瓶金碧辉煌，观之令人眩目。

在花灯里，在漆线雕的艺术美中慢慢地徜徉，不知不觉就看到了月上柳梢。手里捧着永和的鱼丸，走进七巷的窄条巷落，头上时而有树叶飘下，巷道幽深，曲折绵长，走着走着，恍然间似乎就走进了明清朝。而此时，巷落里低低传来的，分别是居住在三坊七巷里的几代百姓所熟识的那首朗朗上口的唐朝歌谣：“月光光，照池塘；骑竹马，过洪塘；洪塘水深难得渡，等妹撑船来接郎。问郎长，问郎短，问郎几时返?”这样的缠绵悱恻的歌谣，是可以直接击中老福州的心脏的。

鼓浪屿老街

鼓浪屿是休闲而慵懒的，在寻常的日子。

从日光岩俯瞰，那些历久弥香的万国建筑散布在这座四季如春草木扶疏的海中一屿。不同形态的橘色屋瓦在蓝天下参差延伸，组成了一道别样的天际线。

在下雨的日子里，撑一把伞信步在鼓浪屿的老街老巷中穿行。雨打在伞上，发出哗啦啦的声音，大雨砸在地上，形成一个个的小盏儿。树枝、树叶已经不堪重负，低垂在行进的路上，必要的时候还要掀开才能通过。只要是裸露的东西，全都是湿漉漉的，像浸在水里一样。水从屋顶、树梢、墙头等一切高处落下，汇集起来，流淌在不算很宽的路上，加上山坡赋予的势能，在鼓浪屿的巷落里肆意奔流。

走在路上，还不如说是淌在河里，凉爽的流水漫过脚背，带给心头丝丝凉意。在炎热的夏季，能有这样的体验，还真的是非常难得呢。

鼓浪屿的建筑很多，几乎是一个挨一个，没有任何空间浪费。

鼓浪屿的建筑很旧，绝大多数都是几十年、上百年，甚至几百年的古迹。它们是这里真正的主人，见证着日月变迁，审视着世间冷暖。

沿着安海路，在地图的指引下，向海边搜索前行。

每一处建筑，每一个院门，都算得上是天然的背景。每一处院落都有其自身的特点，有高大雄伟的，有低矮深邃的，有雕梁画栋的，也有素颜简装的。大多数的建筑都带有异域风格，像雕花的门垛，上翘的檐角，镶有狮头的院墙，还有宽大的圆拱门，一看就不是中式的建筑风格。

据说早从400多年以前，来往的商人，以及海外归侨，就在鼓浪屿上修建别墅，经过几百年的汇聚和浓缩，存留的一定是瑰宝中的瑰宝了。

就像衣着朴素的老人，这些古迹基本都是偏灰的色调，有浓重的时空感觉。雨水浸洗过后，色调略有变化，浅灰变得更深一些了，有点像刚刷过一样，但仍是那灰色的主旋律。看着这些古迹顽强地承受着风雨的肆虐，可以想象得到它们已经有了几十年上百年的经验了，在它们前面走过，只是慢慢长河中的一眨眼而已，在时空的面前，我们永远是渺小的。

绿树掩映之下，老街两边低矮的围墙显得破旧，但都很干净。围墙上或多或少都开有鲜花，相思树、三角梅，怒放着花朵，雨后越发显得娇艳，还有晶莹的雨滴挂在娇嫩的蕊心，不时会坠落几滴，摔碎在地上。这些花草从不知名的角落探出枝蔓，将鼓浪屿古朴的街道缀得生机盎然。

静静地穿梭于百年建筑，随手推开一扇沉重古老的门，秘密花园正向你开启……每一处院落都是开放的，游客可以自由进出，坐下来歇歇脚，让时间暂停一下，体会一下住民的生活。那个时候，你会暂时忘掉自己是一个游客。

叫做黄荣远堂的老别墅有许多廊柱，用整条花岗岩雕成，十分壮观宏伟。宽敞的庭园中央设有水池假山，右前方修有休憩观景的两亭一榭，曲径相通，亭榭外沿用人工堆成云墙假山与邻相隔，高低错落，幽雅得体。整座别墅中西交融，古典和现代相得益彰，是鼓浪屿众多别墅建筑中的阳春白雪，如今风韵依旧。

这栋别墅的主人原是菲律宾的华侨施光丛。一天，施光丛和在鼓浪屿上经营房产与运输的黄仲训从厦门乘轮出洋，两人在船上闲得无聊，提议玩牌打发时间，于是以扑克牌比大小点赌博。两人言明施光丛以别墅为筹码，如果施赌输了，别墅无条件交给黄。如果黄赌输了，则将运输船队交给施。结果施光丛输了，他从菲律宾回来后，守信把别墅交给了黄仲训。从此，这幢别墅就属于“黄荣远堂”了。

夏天的雨很奇怪，盼着它停的时候，它不停，不太留意它的时候，它却悄悄地停了。

电影《海角七号》演绎着一段执著纯真的爱情，鼓浪屿的海角 8 号执著的是爱的宣言——“能够带你到海角 8 号，就能够陪你到天荒地老。”

海角 8 号前身是圣三一教堂产业英华楼，建于 80 多年前。东邻八卦楼（风琴博物馆），西接番婆楼，始建于 20 世纪初。如今，老豪宅经过修葺，已辟为八方游客在鼓浪屿闲步度假的理想住所——海角 8 号度假家庭旅馆。

进门处，是一只醒目的鸟笼座藤椅，吊牌上写着“爱巢”。庭院中老树葱茏，古井幽深，仿佛时光在这里凝驻，让人心生恍惚。台阶上，廊檐下，设着一个个茶座，座上是精致的功夫茶具，两旁是罗圈型的藤椅，让人忍不住想坐下来喝杯茶。室内墙上是巨大的蓝色清新手绘画，花色沙发，这就是海角 8 号的生活。

从百鸟园出来，通往日光岩的小路别有情调，低矮的围墙上爬满了牵牛花，虽然普通，但路过的人免不了都会侧目看看它们，也许正是它们那种耐得住寂寞的性情感动着人吧。路边的一家小酒店边，鸡蛋花落了一地。白色的花瓣，黄色的花蕊，装饰着雨后的小径。

林语堂故居在一个略显阴森的院落，有几棵参天大树，故居坐落在高处，要拾阶而上才能看到已经破旧的厅堂。遗存的格局仍昭示着旧日的大气，只是故人已去，沉默的石头再没有那般灵气。

一只黑色的小狗，转动着珍珠般的小眼睛，好奇地看着我们，也一直沉默着。

不知不觉来到了龙头路，鼓浪屿上最为繁华的街道，满街的商铺，有吃的、有看的、有玩的。对于旅游来说，这是体验当地人文生活最好的窗口。在商业繁荣的龙头路，居然发现了一间非常幽静的书屋，里面有很多看书的读者，都非常安静，也很投入。书目的种类很全，古典名著，时尚快餐，外文原版，应有尽有。

暮色渐沉，鼓浪屿夜了，不知从哪边传来“鼓浪屿之波”的音乐。此情此景，只有喜乐两字可以描述。

湖 北

武汉昙华林

方方的《春天里到昙华林》让武汉三镇如发现新大陆般在武昌城的巷落里找到了这个带着芳香气息的地名。

彼时，它挨着不知何年何月毁于何因的武昌老城墙，静静地隐居在武昌城里。不因外界的喧嚣而喧嚣，不因岁月的荡涤而飘摇。“眼见他起高楼，眼见他宴宾客，眼见他楼塌了”，纵然民居墙面剥蚀，纵然外界天翻地覆，它以睿智的存在，繁衍着自己的光辉和梦想。

武昌，荆楚风流，因武而昌。三国东吴223年，孙权依山负隅，建城于今日的蛇山上，武昌城初露真容。

从光绪九年（1883年）绘制的《湖北省城内外街道总图》标注来看，昙华林位于武昌城东北部，地处城墙内的崇府山（花园山旧名）和螃蟹岬之间，呈东西走向，东起鼓架坡，西接正卫街。

昙华林并没有成林的昙花，郭沫若先生在其自传中提及，昙华林的名字很可能来源于佛教。在佛教中，Udumbara（即优昙波罗）是四大吉花之一。《法华经·方便品》云："如是妙法，诸佛如来，时乃说之，如优昙钵华，时一现耳。"据史料记载，武汉市著名的佛教四大丛林之一正觉律寺，规模宏大，就在今天的花园山南麓。而在城山（今螃蟹岬）脚下，还有六通寺、城隍庙、灵瑞道院等佛、道教活动场所。由此推断，在浩瀚的历史烟尘里，昙华林纵然没有"南朝四百八十寺，多少楼台烟雨中"的盛况，也应是佛院道观云集的方外之地。

明清两朝，昙华林曾是湖北全省各县秀才下榻、苦心研读备考的地方，是清廷负责地方军事衙门的所在地，并有以戈甲命名的营盘。1861年，汉口开埠后，昙华林一带逐渐形成华洋杂处、比邻而居的地域特色。外国宗教慢慢渗入昙华林，逐步形成了以花园山为主的意大利教区，以戈甲营为主的英国教区，以螃蟹岬为主的瑞典教区和以昙华林正街为主的美国教区。众多的教会传至昙华林，留下了具有明显的"中西合璧"特征的宗教建筑，成为当时中国社会进程的历史见证。

穿行在昙华林蜿蜒的小巷深处，数十处百年以上的近代历史建筑尽收眼底，林则徐、张之洞在这里留下了历史痕迹，徐源泉、石瑛公馆修旧如旧，圣诞堂、仁济医院、瑞典领事馆、文华学院等外国经典老建筑，让人仿佛伸手即可以触摸到历史那鲜活跳动的脉搏。

花园山4号，仁济医院。这所医院与一位英国传教士杨格非的名字连在一起——1861年，他在昙华林附近的戈甲营营建礼拜堂，尔后开设诊所和义塾为教众和附近的居民服务。7年后，诊所和义塾迁至昙华林并加以扩建，1883年，改名为仁济医院。仁济医院的建筑是中西合璧的砖木结构，既有文艺复兴风格的廊柱，又有中国式样的下沉回廊，石拱门的浮雕格外别致。

昙华林111号，文华书院。它由原基督教美国圣公会于1871年创办，是外国教会在武汉最早开办的学校。1903年，文华书院形成小学、中学、大学三部，1909年正式成立文华大学及附设文华中学。就是在文华书院的老校园中，著名的美国友人韦棣华女士，在这里开创了中国近现代图书馆事业。韦棣华女士曾被民国第二任总统黎元洪誉为"中国现代图书馆运动之皇后"。她身居昙华林31年直至逝世，终生致力于推进中国图书馆事业的发展，1901年她在文华校园办起了中国最早的公共图书馆。

昙华林32号，是一栋独门独院欧式洋楼，彩色玻璃，雕花栏杆，早年曾是共进会领导人刘公的公馆，就在这幢老房子里，刘公领导赵师梅等湖北工业中学堂的三位青年学生，成功地设计制作了辛亥革命军旗——“九角十八星旗”。

昙华林141号，曾是徐源泉的私产，现存三栋建筑，建造于1930年前后，甲栋为法国别墅风格双层建筑，乙栋为中式风格单层建筑，丙栋为中式砖混结构庭堂建筑，半山有琉璃瓦六角亭。

除却这些西风东渐的建筑，昙华林一带至今还保存了两座江夏民居。一是昙华林81号，一是戈甲营76号。这两座民居的年龄都在百年以上，粉壁、黛瓦、灌土墙、小天井以及木构屋顶，这些构成江夏民居独特的建筑符号。在依稀是八仙过海彩绘的门楣下，推开昙华林81号那扇古老的木门，想象一个多世纪里多少人的手曾在这里停留过，仿佛推动了一个多世纪的光阴。像昙华林这般古老的江夏民居，如今在整个武汉市也难以寻找了。

在昙华林，可以品味和领略的，是一种饱浸着悠远历史气息和深厚文化积淀的古韵。这种难以言传的韵味，在武汉三镇浩如繁星的里巷里，已是稀罕之物。因为这种独特的厚重的气息，昙华林时时有探访者，他们或是远渡重洋的老外，或是饶有兴致的“武汉胡同游”的本地人和外地人。昙华林，成为唯一可以穿越时空回望千年老武昌的处所。

参天的老榆树，斑驳的砖瓦，长满茸茸青苔的岁月之墙，在新都市摩天大楼的缝隙里，有一处不雕琢不修饰的心灵休憩之所，昙华林之存在，实乃武汉之幸。

广 西

阳朔西街

即使是在雨中，西街仍以它独具的魅力吸引了摩肩接踵的人群，于是，西街变成了一条伞的海洋。伞花的下面，多是高鼻深目的异域人士，让黑发黑眼的我们不禁迷惑，是置身于欧洲的某个小镇吗？

1

桂地的美好，韩退之先生在千年前就有吟诵：“苍苍森八桂，兹地在湘南。江作青罗带，山如碧玉簪。户多输翠羽，家自种黄甘。远胜登仙去，飞鸾不假骖。”而住在碧莲峰里的阳朔人家，更是过着神仙似的“采甘东篱下，悠然见碧莲”的生活。

西街是阳朔县城内最古老的街道，隋开皇十年（590 年）设置阳朔县时，西街已隐约成型。在漫长的农耕社会，这条街是阳朔县城大小集市的所在，保持着“半是乡村半是店，可为生意可为耕”的半商半农的状态。西街人于是罕见地在 1000 多年的岁月里传承着“农”“商”两种混合的角色。

抗战时期，远离中原腹地的八桂之地吸引了无数文人学者避居此地。钟灵毓秀的山水抚慰着文人墨客因战争而悲怆沉痛的内心，由是，桂地涌现出文化的激荡，文化的整合，文化的觉醒，文艺之花绽放，形成战时的文化之城。西街因此有了南北文化集萃的痕迹。

80 年代后，新的一批寄情山水、逃离都市喧嚣的人群在西街集中，他们来自西方，带来了马可波罗后裔们的文化，西风东渐，西街开始了新一轮的东西文化的融合。从此，西街声名鹊起。它对于不同文化的吸纳和包容，使其成为中西方背包客心目中独树一帜的文化地标。

2

桂地多佳果，不知“黄甘”为何物的我们，在西街口邂逅了头戴斗笠的“卖柑者”。“卖柑者”的细篾筐中，扎成一丛丛的黄皮果和百香果、山竹混在一起，衬着碧绿的果叶，冲击着我们的视觉。黄皮果形似桂圆，果肉半透明状，味道略酸，酸后回甘，有点金橘的口感。百香果则是如洋鸡蛋般的大小，果壳颜色接近山竹，呈深红色。本地人多用刀在百香果顶部平平切去一个小盖，用勺探入果肉中，舀着吃。百香果的果肉呈黄色，里面有很多深色的籽，连着籽嚼着吃下去，籽脆脆酥酥的，气味芳香馥郁，味道酸甜适中，非常开胃。

开胃的水果用完，不免有饥肠辘辘的感觉。西街的餐饮美食，除却西餐，以本地特色而论，啤酒鱼当仁不让。啤酒鱼的名气如斯之大，可以说是“不食啤酒鱼者，如同未游桂地也”。阳朔啤酒鱼的各式名店家都占据在西街入口之处。有可凭栏大啖，兼看街景的二楼敞轩；也可闹中取静，在一楼寻僻静角落，自娱自乐。啤酒鱼的原料有剑骨鱼（形似长江中下游地区的鮰鱼）、毛骨鱼、黄骨鱼等，烧法类于红烧，只是在烹制时会加入啤酒，并以西红柿调味，鱼的口感非常嫩，汤汁入味。

3

西街的店铺五色杂陈，酒吧、饭店、工艺品店、书画店等，稍精致些的，其装修都是中西合璧。很多店都有自绘或独具匠心的外语招牌，甚至在远离城区的乡村，也会看到。英语在西街上的通行程度，甚至热过汉语。而店铺的老板们也多对西方人士更青眼有加，招呼起来会更热情一些，或是有朋自异国来的原因，或是因为可以锻炼英语的缘故。

西街的店铺中独具特色的是众多风格迥异的酒吧和西餐厅。它们都有着别致的内装潢，许多西餐厅都与欧洲一样，有着位于户外的露天座椅。入夜后，西街的酒吧开始上演各自的剧情。或狂野而躁动，或安静而优雅。可以小酌，可以看书，也可以发呆。蓝调，爵士，rock&roll，总会有一款属于你。

西街也是被称为空气中都是浪漫因子的地方。这里总是会有美丽的邂逅，有的跨越国籍有了 HAPPY ENDING，有的曾经拥有不求永远。这里还会有很多的诉说，很多属于“背包客”人在旅途的故事。

桂花街是西街上的民居旅馆一条街。这里的民宿门外都有着“有房”或“无房”的醒目标志，价格亦不贵。有别于西街的繁华，这里静静的，如同遇龙河的黄昏。

云　南

大理南诏古街

云南省大理白族自治州巍山彝族回族自治县地处云南省西部，是一座具有浓郁地方历史文化特色的城市，同时也是南诏国的发祥地。

南诏古街由明清时期保留至今的月华街、日昇街、北街和南街组成，由原文献楼（群力门）始，向南通过地官坊，穿过雄伟的拱辰楼，经进士坊到原古城中心星拱楼，直达原南门城楼。一条古街串连四座古楼，头尾衔接，相得益彰，它像一组音符发出高低音的共鸣。古街中轴线有直、有折、有曲，使近 2000 米长的古街灵活而不呆板，富有城市景观的情趣。沿街建筑高度与街的宽度比例适宜，视觉透明宽阔，无压抑感。古街两旁建筑物保留了明清风貌，土木结构，坡顶青瓦屋面，一楼一底，底层为铺面。明代建筑楼层很矮，俗称闷楼，铺面装修设前坎沿，以防雨水浸蚀，相邻两户之间建防火功能的马头墙。铺面刷漆，墙体部分用淡墨绘画，线条流畅柔和。街两旁铺面有众多的商号、茶铺酒楼、南诏食馆、特色小吃、书刻碑店、裁缝铺、理发铺、纸烛店、修理店、棺木店、马具店等等。走进文献楼（群力门），踏着青石板路面的古街，街道两旁的古民居，古色古香的庭院，感受巍山历史文化名城丰厚的文化底蕴，思绪飞扬，百感交集。一条古街诠释了“古”字的全部含义，构成了历史文化名城跳动的脉搏。

古街源于明清时

据史籍记载，巍山古城在唐宋时为宗教场所，元代段氏土总管筑土城据守。朱元璋建立明朝后，为稳固地经营云南，遂选择了在历史上具有重要战略地位的蒙化（今巍山）筑城。明洪武二十三年（1390 年）建起的古城，周长 4 里多，城墙高 2 丈，厚 2 丈，砖石城墙，有垛头 1277 个，垛眼 430 个，有 4 座城门，门上建楼，东曰忠武、南曰迎薰、西曰威远、北曰拱辰，城方如印。城墙外四周有护城河、驰道，城门外设吊桥，北门城楼有三层，外建月城，城中心处建星拱楼为印柄，向四面延伸建东街、南街、西街、北街。

到民国二十七年（1938 年），时任蒙化县长的宋嘉晋，为适应经济和社会发展的需要，对古城进行改扩建，拆除月城建小公园，拆除北城墙建新东街、新西街，拓宽拱辰楼四周，由政府统一建盖一楼一底的铺面 50 余间，这样围绕拱辰楼形成了一条新的商业街——四方街。古城格局发生了变化，原古城中心星拱楼变为次中心，拱辰楼则成为古城中心，城市中心向北移 390 米，与左氏土知府和日昇、月华两街联成一片。城市规模扩大了一倍多，形成了南门城楼、星拱楼、拱辰楼、文献楼（现群力门）的一条中轴线。“南诏古街”就由明清时期和民国时期保留至今的南诏镇辖区内的月华街、日昇街、北街和南街组成，显赫一时。

马帮踏出来的城镇

古街的起点群力门旁辟有文献广场，主要说明巍山有悠久的文化渊源，早在南诏时就劝民习读汉书，明清以来更是人才辈出，清高宗弘历于乾隆元年（1736 年），御封巍山为“文献名邦”，时任蒙化掌印同知孙必荣，因蒙化得此桂冠，是一盛事，即率士绅在北门外新建门楼一座，取名“文献楼”，将“文献名邦”四字镌刻为四块大匾，悬挂在楼南檐下。文献广场上立有“茶马古道重镇蒙化”石碑。蒙化自唐始至民国时期，一直是中国西南地区茶马古道重镇，是南来北往马帮的集结地，是“三进三出”茶文化传播的中枢。

历史上的蒙化因地处要冲，南来北往，西进东出，商贾云集，人气很旺。不足万人的小城镇，商号林立，有大小马店 20 余家，多在北门外的日昇、月华两街，如“重兴店”“合义老店”等。为适应马帮的需求，古城内为数不少的马具店应运而生，出售马的全部行头，如笼头、嚼咀、马铃等应有尽有，还有很多马掌铺，生产各种规格的马掌和掌钉。巍山的马帮在滇西也是首屈一指，民国初有 200 多个马帮，近万匹驮马，有的村寨马比人多，可以说巍山古城是马帮踏出来的城镇。

拱辰楼地位最重要

沿着古街自北向南走，就到了由蒙化同知朱统燧及郡绅于清光绪初年建造的育英社学，又称北社学。现保存的大门为单檐一高两低牌楼式建筑，设九踩斗拱，次间为七踩斗拱，错落有致，大方美观。在日昇街和月华街相接处的竹壁巷口，立有明代蒙化进士张烈文于 1553 年（明嘉靖三十二年）建的地官坊，坊用青石建造，单檐斗拱，三跨石坊。

由地官坊向南望，一座高大雄伟的古楼进入眼帘。古楼是蒙化卫城的北门城楼，称“拱辰楼”。“拱辰”，出自《礼记·为政篇》，“为政之道，譬如北辰，居其所，而众星拱之。”说明当时拱辰楼的建筑体量、所处的防御位置在几个城楼中是最重要的。城楼建于明洪武二十三年，原为三层，明永历二年（1648 年）维修时改为二层。楼建在长 47.1

米、宽26.6米、高8.1米的砖砌城墙上，楼下为城门洞。楼为重檐歇山式建筑，面阔五间25.76米，进深15.7米，高16米，由28根合抱大柱支撑，四面出厦，楼四周设廊，整个建筑用料粗大，上檐四角用檐柱，屋面比较平缓，出角短，起翘小，一字平脊，更显气势雄伟、浑厚。南北城墙有城垛。登上顶楼犹入云天，东看文华层叠山峦，南观巍宝名山文笔塔，西望瓜江垒玉，北视苍山积雪，全川村落，万家灯火，尽收眼底。古楼南面檐下悬挂“魁雄六诏”大匾，为清乾隆三十六年（1771年）蒙化同知康勷所书，显示唐初蒙舍诏（南诏）在洱海区域五诏中的强盛地位；北面檐下悬挂“万里瞻天”巨匾，为清乾隆五十年（1785年）蒙化同知黄大鹤所书，表达了唐代南诏与中原华夏的关系，两匾书法气势磅礴，浑厚有力，一气呵成。

明清建筑民居

明代建城时的古城中心，作为城方如印“印柄”的文笔楼，又称星拱楼，始建于明洪武二十三年（1390年），后倾圮，清雍正十年（1732年），蒙化同知朱灿英修复，清咸丰七年（1857年）毁于兵燹，现保存完整的古楼，是清代杜文秀起义军大参军马国忠重修，楼顶梁上记录有“镇抚蒙城左参军马国忠暨郡官绅士庶仝建”字样。楼高11米，为木结构城楼，下为砖石结构基座，长宽均18.7米，高6.3米。四向贯通，是东、南、西、北街的中心交点，门洞为券顶，城楼为重檐歇山顶，长宽均为9.7米，楼四周设廊，高二层，四面开窗，南北两面有门，四面檐下悬挂匾额，东曰“瑞霭华峰”，南曰“巍霞拥鹤”，西曰“玉环瓜浦”，北曰“苍影盘龙”。城楼檐牙高挑，挺拔俊秀，玲珑剔透，因此又有“凝秀楼”之美称。

古街上的民居大多保留了明清建筑风貌，多为土木结构，青瓦坡顶的“三坊一照壁”“四合五天井”，殷实人家则两种布局相连形成走马转阁楼，有的是以“六合同春”布局，

如南街 8 号院，有的是两院“三坊一照壁”相连，如东街 64 号院。据专家考察，城内尚有少数元代民居。保存较完整的院落还有 180 多座，有的已公布为县的文物保护单位。日昇、月华两街多为一间或两间铺面，后面是深邃的三进两院的“竹筒筒”式民居。这些建筑古朴典雅，雕梁画栋。居民讲究门面，大门多为单檐或重檐，木架瓦顶，出阁架斗，户户有庭院，家家栽兰花，有“满城春兰风亦香”的诗句。

古街尚存民俗风

享誉海内外的肉饵丝，相传是唐（南诏）时期，南诏王皮逻阁在一次打猎时遇到野火烧山，森林里的野猪被山火烧死，皮逻阁感觉肉味特别香，后来就有意识地用火烧焦猪皮，清洗后露出焦黄的外皮，煮成肉吃，慢慢地又配上饵丝，就成了传至今天色香味俱全的肉饵丝。一根面，巍山人又叫扯扯面，是云南独树一帜的名特小吃。据说，过去南诏古街上有一书香门第，家中婆媳不和。老公公是一个饱读诗书的秀才，总觉得长此下去有辱门风。苦思多日，终于有了主意。一天，老公公把全家人叫拢吃一根面。全家人和面、洗菜、配料、扯面，吃了一顿和和美美的一根面。吃面时，老秀才“众人齐心，黄土变金”一番指点，众人折服，自此，全家人和睦相处。

古街上古风尚存，民族风情多姿多彩。六月二十五是巍山传统的民族节，它源于彝族人对火的崇拜而形成的祭火神仪式，后来增加了祭田神祈求丰收及各种以避恶、灭虫为主题的习俗，而古街是火把节活动的中心。这一天，古街上家家户户忙着杀鸡宰羊，蒸粑粑，备办美食佳肴。人们早早地就用各色彩旗，火把梨、花红一类果子，松明、天毛冬藤子精心打扮一棵 5 ~7 米高的松树。上插一个状如升头（用竹子做个竿，上面用纸糊上像“升”和“斗”一样的东西，古代衡器），上书“五谷丰登”“风调雨顺”一类吉利语的火把头，民间俗称“扎火把”。

四　川

成都宽窄巷子

每个人的神往中，总有一个地方，一块乐土，是前世就属于你的，那里会合着你所有的节拍，哼唱着如醉的心曲。

无论你是传统的、保守的抑或现代的、时尚的，那里的每一种表情一定在你心里共鸣着，永久地回荡，不息。

宽窄巷子，俗称最成都的地方。

那份渊源一直在等候着你，尽管你以前不曾预见。直到你无论是巧遇还是还愿，还是特意寻求，总之，到了那里，你就会知道了。当你抚摸着那一砖一瓦的时候，熟悉的气息一下子将你包围，并即刻沉静在骨子里。就当是在故乡漫步一样，自如地如同踩在阿婆家的青石板上，时时刻刻只为寻求儿时踢鸡毛毽子的印迹。

渴了，就坐在街边的竹椅上喝杯凉茶；

累了，就在靠近的旧门楼的门槛上歇会儿；

饿了，就在沿街的小吃摊上来碗“伤心凉粉”。

一切，随意的好似从未离开过的驻地。没有丝毫生分的感觉。

悄然走着，怕是惊动了古老的韵律。旧的砖墙和檐角像是述说着回忆，热闹异常的宽窄巷道，只是在匆忙的脚步声中才恍然已是商业街道的内涵，这里的品质让买卖做得如此随意和安然，连站在门口招揽客户的小哥小妹都只是用眼神和微笑来呼唤，断不敢大声喧哗，更不敢生拉硬拽，怕是坏了祖宗的规矩一样。

街面上热闹而祥和。

一切都在宁静的气息笼罩之中。

闲散地走着，仔细地观着，让心跳找寻同样的节拍。找到了，它就是你的。随着你的感觉在召唤。

捧着大杯星巴克的焦糖玛奇朵，静静地坐在廊下，看着艺人们美到骨子里的摄影作品，就在垂着绿植的房檐下展示着，观赏者眼中的羡慕深情一直在游荡，而心，一直在这古老和现代之间穿越。

那种感觉很奇怪，也很缠绵。总之是不舍的那种，但又很满足。像是口中的咖啡，甜甜的、苦苦的、香香的、腻腻的，极诱人、极上瘾。

来了，就要好好地赏，仔细地品。

坐在休闲的街边茶吧，看人来人往，看阳光游移，看树的影子，看书屋的女主人忙碌的身影和满足的表情。

当然，再买一本《行走在宽窄之间》，盖上“宽窄”字样的戳。

眼观一位老者，如痴如醉地摄像，心都感动。

那长长的茶壶嘴时不时地在眼前晃动着，盖碗茶中的热气缓缓地升着，每一个神经都为之舒展，然后，牢牢地浸在浓郁的川味中。才知道，原来宽窄巷子不仅仅是最成都，它的魅力之源是一定属于到过这里的每一个人。

这就是宽窄巷子。这就是“时间就是用来浪费的”地方！

历史中的宽窄巷子可没有这么闲适：康熙五十七年（1718 年），准噶尔部窜扰西藏。清朝廷派三千官兵平息叛乱后，选留千余兵丁永留成都并修筑满城（即少城）。清制规定森严，满蒙官兵一律不得擅离少城染指商务买卖，只能靠每年春秋两季的比武大会，论成绩领取皇粮过日子。两百多年后，风雨飘零的少城只剩下宽窄两条巷子！

2008 年，由政府整修面市的宽窄巷子，承载着深厚的历史文脉，宽窄巷子与大慈寺、文殊院一起并称为成都三大历史文化名城保护街区，由宽巷子、窄巷子和井巷子三条平行排列的城市老式街道及其之间的四合院群落组成，有45个清末民初风格的四合院落、兼具艺术与文化底蕴的花园洋楼、新建的宅院式精品酒店等各具特色的建筑群落。

宅中有园，园里有屋，屋中有院，院中有树，树中有天，天上有月。林语堂先生描述的这种中国人的院落梦想，在宽窄巷子修复的40多个院落中得到了完美的再现。随意走进一家院子，中庭放置几张老式茶桌，几圈川式藤椅，木雕、石刻、牌匾、壁画、瓷器分布室外屋内，默默地透示着古老的玄机。这里的一切都指向一个核心——文化，这种文化指向无所不在，通过调动人们的眼耳鼻舌身，全方位地浸润过来，让人们自觉不自觉地沉迷其中。无论是坐在路旁叼着两米多长烟枪的老汉，还是提着鸟笼与游人合影的“八旗子弟”，或是在餐馆里现场表演的变脸、杂技等节目，都是通过一种新创的“院落式情景消费业态组合”，把成都的文化精神渗透在消费业态之中。

“白夜”酒吧是女诗人翟永明开设的，陈设清雅，显示出女性特有的细腻。这可不是一个仅仅供人饮酒聊天的地方，四川省内外的不少诗人、作家、画家，都把“白夜”当做自己的“客厅”或“书房”，经常在这里举办诗歌朗诵会、画展、摄影展、新书签售等。这个“文艺沙龙”的一点小小波动，都有可能在成都或全国文坛引起波澜。宽窄巷子无论是在传统文化的传承与再现方面，还是在新文化的发掘与引入方面，显然都是经过了仔细掂量并合理布局的，因此每个人都能在这里找到自己心灵的归属。

一走进宽窄巷子，你就不由得会放慢脚步。宽巷子最宽处其实只有7.5米，而窄巷子最窄处是5.5米，两者差别并不大。街道本来并不宽敞，却错落有致地这里摆上一张茶桌，那里放上一排靠椅。宽窄巷子拥有的174个商家，餐饮占了大多数。宽窄巷子本来是想建成一个“城市客厅”，向外地客展示成都文化，不料建成后大受本地人欢迎，成为成都人慢悠悠品味“巴适”人生的绝佳去处。宽窄巷子表现出的慢节奏，契合了成都人知快守慢的品性，是成都精神的精髓所在。

像宽窄巷子这样的老街区改造，太容易做成简单的复古，或是单调重复的业态。而宽窄巷子不落窠臼创造出的文化多元，特别吸引人们的眼球。巷子里的建筑，多数为中式四合院，也有几家西式的。例如窄巷子 30 号的瓦尔登，本是明清时期保存下来的欧式建筑，经过改造它那伫立于正房廊檐下的罗马柱，精致温馨的包间，加上法国鹅肝、美国剔骨牛排、意大利比萨，直把一种西方的浪漫送进人们的心田。那些在四合院里经营的西式餐饮，似乎也完全没有水土不服的样子。这里的“星巴克”，有上千平方米面积，为西南最大的连锁店。由黎氏华人兄弟开设的瓦尔登西餐店，大门外墙上的拴马石，是成都独有的胎记。而店内主营的简约西餐，又对美国作家梭罗所写小说《瓦尔登湖》中倡导的回归本心、简单生活的理念，做了最好的诠释。

宽窄巷子里为数居多的中式餐饮，其中既有高档的，也有一二十元可以就一顿的大排档；既有川式的，也有全国各地风味。吃饱喝足，逛逛商店，羌族妇女手绣的熊猫、成都姑娘缝制的皮包、台湾宝岛出品的琉璃、印度与尼泊尔运来的宝石……都能让人爱不释手，或勾你忆起一段往事。琳琅满目相当生活化的宽窄巷子，可以牵引出人们对于生活的无限遐想。

时间，其实，就是用来浪费的。被定格在宽窄巷子里的时光，冲出光阴的围追堵截，微笑着，看岁月沧桑，品世间美丽。

泸州尧坝古街

一座庄严高大的石牌坊矗立街口，青石板铺就的街道蜿蜒向前延伸，两边是高低错落的木结构老房屋。阳光投射在略显坑洼的街道上，折射出斑驳的影子。一块块条石因时光久远，间或有些高低不平，有的表面还凿出了石窝，据说是屋檐水滴落形成的。

这条老街是清代又重新修过的。据说，它的历史可以追溯到西汉。

汉武帝时期，朝廷对西南夷地区（今云南、贵州范围）进行大规模开发，汉武帝下令开通夜郎道——这是中原王朝与巴蜀以南地区相连的第一条通道。自此，夜郎道上商贾不断，山间铃响马帮来。

夜郎道开通后，长江沿岸的水路码头不断发展起来。自贡的盐运到合江后，就逆赤水、习水南行运到贵州等地。然而，赤水河上溪壑纵横，滩险水急，不能全程通航。于是，从赤水县到泸州一段，就要靠人背马驮的旱路运输。尧坝恰恰就在这段交通要道的中段上，距离赤水和泸州两头正好都是一天的脚程。而这里又处在合江、纳溪和泸县三县交界处，是最适合设立驿站的地方，尧坝古街由此应运而生。

尧坝古街的繁荣与外省移民有着密切关系。从很多尧坝人的族谱记载中可以发现，早在元末明初，尧坝已经是一处重要的移民迁入地。到清初时，到尧坝的移民数量更多。移民的迁入，为尧坝的发展繁荣创造了条件。

尧坝古街大约1000米长，两旁坐落着各式小青瓦房屋。上街房依山而建，高低起伏、错落有致。下街房瓦脊一线连贯，形成有节奏、有韵律的民居院落。

小青瓦房屋有200多间。家家有巷道和天井，户户有木楼。房屋进深一般为4～6间房，房后有小路与水井相连。

这些房屋的墙壁各不相同，有的是夹竹篾的木板壁，有的是厚实的砖壁，有的在户与户之间修建防火墙。各式墙上，木头雕刻的格子窗图案繁复新奇，在墙角，还随处可见石雕、石狮等。

古街上，清同治年间修建的李公馆保存完好。这座公馆是武进士李跃龙所建，明显高出周围房屋一大截，是尧坝古镇的标志性建筑。拾级而上，推开沉重的大门，一个大厅和大天井出现眼前。厅内摆放着竹桌椅，现在这里是一个茶馆，平时镇上的人都喜欢来喝茶。公馆依偎在老街中段的小山丘上，坐东向西，占地约800平方米，为江南风格的全木质建筑。建筑分上下两层，为古传统雕栏串花结构。里面是宽敞而典雅的天井，天井两边是相依环抱的走廊，人走在其上，发出微微有致的轻音，更衬托出这座古建筑的典雅和韵致；廊道雕梁画栋，楼阁精致；室内雕花古床，踏板分上下两层，床头两边朱红木椅，坐上去十分舒坦。两侧封火墙高高耸立，几棵黄桷老树顽强地挣着身子，高过青瓦房房顶的枝叶点缀着古色古香的楼阁和天井，仿佛在向游人诉说着这里数百年来发生的沧桑故事。那副镏金对联“四德功夫能自守，英雄半点无欺人”，应该是公馆繁华时的一个写照吧。

据居住在李公馆的李氏后人讲，当年李跃龙平日住在一里外的老宅，逢赶场日就骑马到街上的公馆，拴好马后到街上的茶馆照应生意、处理各种事务。中午回到公馆吃饭、休息，下午又骑马返回老宅。由于保存完好，当电影《大鸿米店》在尧坝拍摄时，李公馆被选作拍摄地点。

在尧坝古街上，保存完好的还有导演凌子风故居、美学家王朝闻故居等众多古民居。那些茶馆、染坊、酒肆、客栈、戏楼，以及石雕、木雕、窗棂、亭台等，古风遗存，号称“川南古民居的活化石”。

古街上，三三两两的老人坐在门前聊天，神情怡然。

一群外地来的年轻人在豆花店里吃饭，嬉笑声为古街增添了几分生气。豆花饭是尧坝街上最普通的饭食，街上卖豆花饭的有好几家。

豆花店斜对面不远，一家门前摆着大大小小的油纸伞，色彩鲜艳。一位老者正在低头制作油纸伞。从砍竹到划篾片、从钻孔到穿浆，制作油纸伞共有70多道工序。比如，要选用3年以上的楠竹中间部分，这种竹料韧性最好；纸是订做的皮纸，加入了桑树和花生；伞要满穿时，需要穿丝线6000多针；最后，还要刷上桐油驱虫。

尧坝阴雨天多，过去人们出门时除了带上盘缠，还要带上三件宝：油纸伞、草鞋和干粮。久而久之，油纸伞成了尧坝的一大特色。

所以，挑一个雨雪霏霏的日子吧，来尧坝。

西 藏

拉萨八廓街

清晨，随着大昭寺内的钟声响起，门前香炉开始燃起桑烟，虔诚的人们静静地磕着长头。转经老人手持转经筒，默念六字真言，脚步匆忙地行走在铺满青石的街道上。拉萨八廓街的一天就这样开始了。

八廓街呈不规则圆形，圆心就是大昭寺。逛八廓街尽量顺时针行走——藏传佛教认为，以大昭寺为中心顺时针绕行为“转经”，表示对供奉在大昭寺内释迦牟尼佛像的朝拜。入乡就得随俗。

如果在八廓街附近的巷子里驻足、流连，那一栋栋紧密地联结在一起的藏式小楼前，绣着吉祥八宝图案的门帘，被风一吹，便露出正在给女儿编辫子的藏族阿妈的身影。每户人家的窗台上方，几乎都有手工绘制的精美花卉图案。而那些紧密摆放的花草，被家庭主妇搁置在窗上，在拉萨的明媚阳光下开得格外灿烂。

在八廓街，思想是多余的。蓝得醉人的天足以驱逐一切私心杂念。只想混迹在人流中，自由、随意地漫步。在这条小街上走来的，有正在摇着转经筒的藏族阿妈，有走路极快的小喇嘛，有神采飞扬的康巴汉子，还有左顾右盼的藏族少女。他们是八廓街上最美的风景。经常能够看到卖艺人，大多是从几千里外到拉萨来朝佛的人，里面甚至有十几岁的孩子。在他们布满风尘的脸上，可以看到沧桑和执著。“看穿了人间的悲喜，都融进灿烂阳光里”，八廓街，一个可以在热闹喧嚣处尽情发呆的地方。

八廓街是拉萨最繁华的商业街，由八廓东街、八廓西街、八廓南街和八廓北街组成，周长约1000多米，街内岔道较多，有街巷35个。八廓街并非以街道形状定名，而是藏语“帕廓”的音译，意思是围绕大昭寺（建于七世纪中叶）的街道。八廓街又称八角街，据说，从前由于在拉萨四川人占很大比例，在四川话中，“廓”与“角”的发音相近，所以，就把八廓街误读成“八角街”了。后来，望文生义，以讹传讹，甚至以为八角街是因为环形街道有八个角了。

八廓街是随着大昭寺而建设和发展起来的，距今已有1300多年的历史。

7世纪，藏王松赞干布下令在卧堂湖修建大昭寺，同时在湖边四周修建了四座宫殿，这四座宫殿即为八廓街最早的建筑。大昭寺建成后，引来了众多朝圣者朝拜，日久逐渐踏出环绕大昭寺的一条小径，为最初的八廓街。寺院周围陆续修建了18座家族式建筑，为远道朝圣的信徒或商人提供住宿地。

15世纪后，大昭寺成为佛教传播的中心，周围相继出现僧人宿舍、宗教学校、小寺庙建筑，众多信佛者迁居大昭寺周围生活，街上逐渐出现了大量民居、店铺、旅馆、手工作坊等设施。随大昭寺宗教地位的加深，八廓街成为拉萨三大转经道（大转、中转、小传）之一。后又出现了来自蒙古、汉地、克什米尔、尼泊尔、不丹、印度等地区和国家的众多商贩、香客、游民，发展成为集宗教街、观光街、民俗街、文化街、商业街和购物街于一身的街区。

八角街转经道是藏族群众心中最重要的一条转经道，藏语意为“中圈”，是相对于“林廓”（沿林廓路一绕为大转）和大昭寺内的“囊廓”（沿大昭寺大殿一周为小转）而言。傍晚转经的特定时间一到，那些互不相识的人们——有来自藏北牧区穿白袍的，有来自康巴山地盘英雄结的，还有住在八角街区衣着亮丽的……总之，各式各样的信徒，像是突然接到了一项无声的命令，在使人猛然感到一阵骚动之后，便开始严格地按顺时针方向沿着这条环形路走下去。

去八廓街，有一个地方一定要去看一看：玛吉阿米酒馆。八廓街的建筑大都是白色的，只有八廓街东南角有一栋涂满黄色颜料的两层小楼。这里就是六世达赖喇嘛仓央嘉措的密宫。“玛吉阿米”是流传在藏区的一个美丽的传说，意为圣洁母亲、纯洁少女，或可引申为美丽的梦。

对西藏历史和文学有所了解的人都知道一个响亮的名字——六世达赖喇嘛仓央嘉措。他不仅是西藏历史上一位杰出的宗教精神领袖，还是一位才华横溢的浪漫主义诗人。相传仓央嘉措为了寻找至尊救世度母，跋山涉水走遍了藏区。有一天在拉萨八廓街一个小酒馆休息，门外一个月亮般娇美的少女掀帘窥望，“在那东方山顶，升起娇洁月亮，玛吉阿米的面容，渐渐浮现心上”，仓央嘉措写给玛吉阿米的诗篇流传至今。

八廓街保留了拉萨古城的原有风貌，街道由手工打磨的石块铺成，旁边保留有老式藏房建筑。街心有一个巨型香炉，昼夜烟火弥漫。街道两侧店铺林立，经营铜佛、转经筒、酥油灯等生活日用品，唐卡绘画、手绢藏毯等手工艺品以及古玩、西藏各地土特产等蕴涵民族特色的商品。

西藏，是最接近天堂的地方。八廓街，则是通往天堂的唯一路径。

江孜加日郊老街

作家阿来曾说："当你带你一种颇有优越感的好奇目光四处打量时，你是绝对无法走进西藏的。"不知道性子随和的阿来为何人何事如此感慨，但，当你走在海拔4000余米、距今600多年的江孜县加日郊老街时，恐怕不会是优越，而是诚惶诚恐地俯下身来，低，低到尘埃里。

加日郊老街位于西藏江孜县城北侧，一幢幢藏式楼房鳞次栉比。每幢建筑，不论大小，布局自然随意，造型柔和优美，那种"上宅下店""前铺后宅""前店后院"的建筑形式，将居住、经商、休闲娱乐巧妙地结合在一起。重重院落，巷道幽深，给人一种宁静安逸。加日郊老街作为贸易集散地，既有商店、摊点，又有手工作坊，与老街建筑共同构筑了江孜古镇独特的艺术风格。

"加日郊"在藏语里是"围墙后面"的意思，即指位于白居寺城墙与宗山城堡城墙之外沿着宗山山脚修建的历史居住区。街区内建筑几乎都是居住性质的历史建筑。

江孜加日郊老街体现的是一种壮观的聚落建筑景观的模本。聚落建筑景观本身是一个宏观概念，用以阐述一种整体印象。加日郊老街的聚落空间布局、群体肌理，与建筑风格以及蕴含在建筑中的适宜生态技术相互交织、渗透，一起构成了老街的建筑风貌图景。聚落整体结构的价值在于，它在第一时间给人的一种印象，提供总体把握聚落形象的途径，表现了一种"整体之美"，一种生活行动、建筑器物与自然大地统一协调的美。一如旧西藏的社会文化、制度决定了加日郊老街聚落的整体形态。无论是在江孜法王还是噶厦政权的统治下，直到西藏民主改革之前，整个江孜的运转都是以服务地方政府、寺院、贵族三大领主阶层为最终目标的，这种社会模式异常明显地在江孜城区的空间结构上表露出来——作为政府统治机构的宗山城堡、僧侣传法诵经的寺院、贵族庄园，以及手工业者栖居的民居。于是，在江孜，你直目可见老城主要构成域：“宗山城堡、白居寺、加日郊老街”建筑群。

江孜县城城区建成面积2.2平方公里，人口约6000人，由于“封存式”的保护政策，加日郊老街得以保存一定的历史风貌。高耸的宗山城堡和背山而建的白居寺是江孜老城南北端的限定，中间通过加日郊老街联系。江孜古城文化资源积淀深厚，最为著名的有宗堡抗英遗址、白居寺、帕拉庄园等。它们与加日郊老街一起构成了江孜的主要文化遗产：

江孜宗堡原是江孜宗政府所在地。1904年英军入侵西藏，路过江孜，遭到江孜地方军民的英勇抵抗，抗英军民固守宗山城堡与英军展开殊死搏斗，最后殉国就义。由此，江孜宗山作为抗英遗址而被列入首批全国重点文物保护单位。同时，由于宗山城堡是现存最为完整的西藏封建农奴制的宗政府（宗，是旧西藏地方政府的一级行政机构，相当于现在“县”政府）机构，也是难得的历史遗迹。

白居寺创建于公元15世纪，位于加日郊老街西端宗山脚下，通过长长的加日郊老街与东南面的宗山城堡相连。白居寺藏语全称是“吉祥轮胜乐大寺”。整个寺院由吉祥多门塔、白居寺大殿、扎仓建筑和寺庙城墙构成。“扎仓”是藏传佛教寺院中僧人学习和生活的单位，其设置相当于现在大学中的二级学院，其组织机构完整独立，有经学、佛像、僧伽和法学系统，且有自己管辖的土地、属民、庄园等。白居寺鼎盛时有 17 个扎仓，分属萨迦、夏鲁三个不同教派，这是它的一大特点。

距县城西南约 2 公里的帕拉农奴主庄园，是西藏至今唯一完整保留下来的封建农奴主庄园。帕拉家族是旧西藏有名的贵族世家，曾有 5 人担任过西藏地方政府的噶伦。

新　疆

乌鲁木齐二道桥

二道桥巴扎万商云集。

而其中最不显眼的，就数莫合烟摊了——公厕墙边，小街巷口，无论什么犄角旮旯，但凡有半个平方米的空隙，支起马扎，摆上尺方的浅底木盘，烟摊便可以开张了。摊主以白胡子维族老汉居多，并不吆喝，磐石般缄默，而烟摊也极简约：盘底是一层厚厚的金黄如小米颗粒状的烟丝和二指宽两寸长的烟纸，上面，胡乱堆着几包白纸壳成品烟，一堆已卷好的单支烟，论盒买，论支买，抑或自己动手卷，随意，且价格极便宜。内地人去了，虽言语不通，但凡一指烟丝，老汉便极娴熟地拿张烟纸卷上一小撮烟粒，用口水封住，然后撕去烟蒂尾巴，递上。点着，吸一口，烟到处，一股狂流，如久旱皲裂的土地、如六七十度的烈酒，自咽喉至胸腔有说不出的难受，片刻，回甘，腾云驾雾。再吸，轮回。

有莫合烟，二道桥才有了味道。

二道桥最热闹的去处，当属馕摊。

热气腾腾，香味缭绕，本已惹眼，更兼摊主雄浑的叫卖声，煞是气派。

馕是新疆人的主食。馕的制作一般很简单，就是将和好的面擀成饼状，加以纹饰（多用一捆竹签棍尖在饼上戳几下即可），洒点儿洋葱盐水，然后贴于馕坑壁炭火烤制。齐腰高、呈倒圆锥形的泥质馕坑（烤炉）犹如一只倒扣在地上的大碗，气度不凡，和旁边那一摞摞大者直径50厘米、小者宛如茶杯口的麦黄色的馕一起，构成二道桥最诱人的街景。

一块馕，一碗羊肉汤，几片水果，以狼吞虎咽的姿态吃下去，你就可以说，已经初识二道桥了。

刀郎在一首《关于二道桥》的歌里，这么写道：

为了十年前二道桥你迷人的一笑，
十年后我徘徊在这无人的街道。
如果不是天上的月牙儿像你的眉毛，
我决不会在寂静的夜里听到我心跳。
若是每一个多情的男人都为爱放弃，
放弃曾经拥有的一切远涉千万里。
也许你会轻轻地问我究竟多爱你，
也许十年的时光流逝能表明我心意。
如今这条繁华的街道越来越美丽，
人来人往的巴扎儿上却看不见你身影。
我从寂静冷清的夜里等到了黎明，
不知第一缕晨曦能否点亮我的爱情，我的爱情。

现实，或许比刀郎的歌词更具魅力。

二道桥是清朝时期沙俄在乌鲁木齐划定的“贸易圈子”，从那时起，二道桥就成为南北疆少数民族及西亚、中亚地区的物物交换中心。历尽百多年的变迁，这里商贾云集、名扬四方。新中国成立后，在自然形成的二道桥农贸市场的基础上，这里陆续建成了民族商场、团结剧场等建筑，成为远近闻名的少数民族商贸区。1999 年开始，乌鲁木齐市对二道桥进行大规模改造。重新打造的“二道桥”民族风情一条街全长1200米，这里有驰名中西亚地区、比土耳其伊斯坦布尔大巴扎面积还大的新疆国际大巴扎，有经营民族特色商品的百年老市场——二道桥市场，有包括天池、火焰山、香妃墓等新疆名胜古迹微缩景观在内的新疆民俗街。这里还分布着200多家各民族特色商品专卖店、商厦、市场、餐饮店，汇集我国新疆和俄罗斯、蒙古国、哈萨克斯坦、巴基斯坦等周边国家民族特色手工艺品和土特产品的“金商圈”，吸引着成千上万的游客前来观光购物。

新疆国际大巴扎内划分成不同区域和通道，摊位干净整洁，陈列着丰富的商品。锋利的英吉沙精钢小刀，男人看了都会爱不释手；各种颜色和样式的头巾，铺成了大片的彩色幕墙；不锈钢的、镀银的盒式小化妆镜，一排排的，闪动着诱人的光彩。这里有做工精湛的铜雕工艺品，有各种款式的民族服装和漂亮的维吾尔族小花帽，还有五光十色的玛瑙石颗粒论把卖，遑论手大手小，抓一把30元，有红、绿、黄、蓝、白色的，还有花纹杂色的。摊主可以为你串成项链或手链，谈好了还可以配上具有避邪象征的狼牙齿。成堆成堆的葡萄干、杏干、无花果、巴旦木杏仁，绿茵茵的，黄澄澄的，吸引着路人的目光。葡萄干有上百种，大粒的金皇后，小巧的无核白，圆圆的和田红，长长的沙漠王；味道有酸甜的，有蜜甜的，有清淡的，有淳厚的，有的还带有药性作用，一路品尝过去，嘴里不时变换着甜的味道。

在更具特色的二道桥市场，古朴的和田地毯、绚丽的艾德莱丝、精巧的民族乐器、久负盛名的天山雪莲、润如凝脂的和田玉、清新淡雅的薰衣草精油、隽美的土耳其挂毯、形态各异的巴基斯坦铜制工艺品、奇妙的俄罗斯套娃等商品琳琅满目，辅以动感十足的少数民族音乐，颇具新疆特色的吆喝，令来此淘宝的游客大开眼界，流连忘返。

淘够了商品，鲜榨的石榴汁、爽口的嘎瓦斯（一种用啤酒花、蜂蜜酿造的俄罗斯风味饮料）、飘香的烤羊肉、油亮的抓饭等各色美食可让你大饱口福。夜幕降临，位于新疆国际大巴扎广场的露天舞台上，身着民族服饰的少男少女和着音乐翩翩起舞；舞台下，互不相识的游客情不自禁地跳起了麦西来甫。

逛了二道桥，你就会深深叹服：新疆是个好地方！

同仁县隆务老街

走进隆务老街，阳光仿佛凝固了，凝固在了这片古老的街巷中，一切都是从远古中走来，从已经消失的时光中慢慢走来，古建筑、古民居、古街巷，还有，古老的寺庙。就连路边的石子和门口的拴马环，也因经历了几百年的沧桑，被磨砺得温润圆滑，晶莹剔透。

那么，洒在这片街巷中的阳光也是远古时代的阳光吗？从这里有了第一户人家开始，从这里有了第一座寺庙开始，这温暖的阳光就一直照耀着这片隆务河畔的山坡地，一直就这么照耀了好几百年吗？它没有被矗立起来的高楼大厦遮挡掉，没有被滚滚而过的车流淹没掉，也没有被喧嚣沸腾的声浪混杂掉，它就这么一直明丽地照射着这片古老的街区，阳光，在这里凝固了。

走在隆务老街上，走在明晃晃的阳光中，仰望着街边的木壁店铺，用手抚一抚精细的雕花窗棂，再听一听脚下的碎石子路发出噗噗的声响，会有一种时光倒流的感觉，仿佛置身于远古时期的隆务河畔。在这一片小小的谷台地上，店铺林立，驼铃叮当。穿着长袍马褂的商人站在店铺门口吆喝，热情地往店里让客人。从骆驼背上，飘然下来一位披着长长纱丽的回族妇女，她用纱丽蒙着脸，只露出了两只美丽的大眼睛，而她的十个手指尖，则用海纳花染得鲜红。旁边，一位戴着尖尖高帽，脖子里挂着松石项链的藏族老人缓缓地走过，她的手里，永远摇着那只永不停歇的嘛呢经筒，嘴里念着六字真言。在她的身后，跟着一条和她同样老的藏狗……

然而，不知什么时候，这些景象都消失了。吆喝生意的店铺伙计、骆驼，及从驼背上跳下来的回族妇女，还有摇着转经筒的藏族老人，和那条老得无精打采的狗呢？也许，他们只是匆匆过客？也许，他们找到了更好的家园？随着时光的流逝，昔日的繁华热闹也慢慢地消失了，只把这座古城孤零零地留下了。就在那一刻，时光停留在了这条老街上，而阳光，也凝固在了这条老街上。

小镇就这么孤寂而静默地矗立着，守候着它曾经的辉煌。突然有一天，当人们被大城市的喧嚣裹挟得透不过气来的时候，被钢筋混凝土的楼房压抑得直不起身来的时候，蓦然回首，发现这片隆务河冲刷出来的谷台地上，还有一座古代的城镇时，隆务老街，才又抖去历史的尘埃，把它的古朴、它的本真和它的神秘，一同呈现在人们面前。

于是，1994 年，同仁县被批准为国家级历史文化名城。这是青海的第一座，也是唯一一座国家级的历史文化名城，而成为名城的依托，就是这条沿山势而建，弯弯曲曲的隆务老街。

那么，老街是怎么形成的呢？据说，很早以前，也就是宋末元初吧，这里只居住着几户藏族人家，他们逐水草而居，放牧、打猎，日子过得平淡而祥和。后来，朝廷为了巩固中央集权，实行“屯兵、移民”的政策，于是，有大批来自中原，来自陇上，来自黄土高原，甚至来自江南水乡的移民和兵士，经过长途跋涉，来到了青海，他们散居在青海的各个地方。有一部分人，溯黄河而上，就来到了隆务河边的这块广袤土地上。这里，阳光明丽，气候温和，太阳光洒在大地上，把这一片土地染成了金色，于是，这些人马便在这片金色谷地上驻扎下来了。

他们亦兵亦农，有战争爆发时，他们拿起武器，是保家卫国的战士。没有战争时，他们耕种放牧，是勤勤恳恳的农民。后来，随着藏传佛教在同仁地区的兴起，三木旦仁钦在隆务河畔建造起规模宏大的隆务寺。这些来自内地的农民当中不乏能工巧匠，他们也加入到建造寺庙的行列中，这样，他们的聪明、他们的智慧、他们的才华、他们出类拔萃的手艺，都随着这座古建筑的建成而保留下来了。

后来，藏传佛教在藏区迅速传播，特别是随着格鲁派的发展，同仁地区到处都在大兴土木，修建寺院。而这些来自内地的能工巧匠，便成了资源奇缺的人才，到处都有人请他们去盖房子，塑佛像，画壁画，做大门。这样，同仁地区早期的热贡艺术便形成了。纵观热贡艺术，其实每一样都与建筑有关：唐卡、壁画、彩塑、堆绣、木刻。

热贡艺术被同仁地区的藏族同胞发扬光大，他们吸收了中原工匠遗留下来的绘画风格，又融入藏族人自己对美的的追求和理解，有些见过世面的艺人还加入了印度、尼泊尔等地的异域风情，博采众长，形成了自己独特的艺术风格，就成了今天非常有名的热贡艺术。难怪，有一位初次看见唐卡画的外国人感慨地说："唐卡就像火一样，耀得我睁不开眼睛。"

最早的热贡艺术家，那些修建了寺庙的工匠们，他们有的挣了点钱回家乡去了，而更多的人留了下来，因为这里更需要他们。他们就在隆务河边的一块台地上，盖起第一间房屋，居住下来。还有一些慕名来投师学艺的藏族人也居住在这里。再后来，一些聪明的人看见这么多人都聚居在这里，发现了里面的商机，于是，开饭馆的，开客栈的，擀毡钉马掌的，都纷纷开张营业。自然少不了牵着骆驼，或牵着马匹的回族人。穆斯林民族自来就是以做生意为主要谋生手段。这里如此繁华，如此热闹，这里不可能没有市场，而哪里有市场，哪里就有他们的身影。

隆务老城街就这样形成了。

隆务河是黄河的正宗支流，它从遥远的夏德日雪山上流淌下来后，绵延三百多公里，在尖扎县的昂拉乡投入黄河的怀抱。而这一段，正是隆务河的中游，这里，水流清澈，浪花飞溅，隆务河滋养灌溉了这一大片肥沃的土地。而两边的夏琼山和阿米德合隆山就像母亲温柔的双臂，把这一片河谷地紧紧地揽在怀里。抬头见山，低头看水，人间仙境莫过如此。这一片地，是一片缓缓延伸的坡地，地势沿着河沿逐级上升，从南向北构成了一个由高到低的天然阶梯。这样，远远望去，隆务老城街城中有山，山中有城，城边有水，形成了独特的“山、水、城”一体的自然风貌。这也是隆务老城街独一无二的天然景观。

当年那些曾经当过士兵的工匠们，在建筑自己的房屋时，自然忘不了如何备战。这些看似随意散落的房屋，实际上错落有致，环环相扣，有独特的防御、供给及排水工程。道路设计也是精心策划、严格计算过的，以备有战争时让老弱妇孺及时地撤退掩藏。所以，在隆务老街区行走，穿梭于那迷宫般的小巷中，隐隐能感觉到当年排兵布阵的意味。

按照这样的规划格局，越来越多的人在这里盖房居住，商人、兵士、工匠、喇嘛、僧侣，还有戴着缠头，牵着骆驼的穆斯林商人。他们按照各自的生活轨迹在这里谋生，白天，街上喧喧嚷嚷，热闹沸腾；夜晚，他们对月幽思，免不了思念自己的家乡。为了让自己能长久地在这里守候下去，他们便把自己信奉的神也请到了这里。于是，在这片不大的街区上，人们修建了佛教寺院，也修建了道教的道观，还修建了穆斯林的清真寺，这就是这条老街上又一道独特的景观。三教合一的建筑，也就是我们今天依然能看到的佛教寺院圆通寺，道教的道观二郎庙，还有一座清真寺。虽然民族不同，信仰不同，但人们居住在这里，为了各自的生活，也为了自己心爱的事业，大家团结协作，互相分工，和睦相处，相敬如宾。

岁月匆匆的脚步无缘打扰这小镇的宁静。在小巷中缓缓地走着，道路曲折蜿蜒，曲径通幽。两边的古建筑就像是一个个坐在太阳底下打盹的老人，有一肚子的故事，想说，却又懒得张嘴。隆务河在街边发出哗哗的流水声，近在咫尺的隆务寺里，梵音袅袅，香桑缥缈，空气中便流淌着一股柏树枝叶特有的香味。

于是，老街巷凝固了，阳光也凝固了。

湟源明清老街

丹噶尔古城（湟源县城）的每一条老街，都像是时光隧道，可以直通湟源历史的入口。在这座拥有2000年历史的县城，明清老街就是这样的一条老街。明清老街，始建于清雍正五年（1727年），至民国十三年（1924年）时，商贸达到了顶峰。大小商户及手工业者达一千余户，总资金达五百万两白银以上，闻名边陲，称之为“小北京”。

踩着老街的青石条路，路边的明清建筑便会映入眼帘；品读老街的历史遗韵，那丝丝缕缕的明清本真，自会悄悄然爬上你的心头。

老街上，写有“拱海门”三个大字的龙门格外引人注目，龙门的两角凌空翘着，门檐用典型的七彩彩绘构成的各种图形在阳光的照耀下熠熠生辉，用青砖垒起的门墙几何块体相互结合、高低错落，从正门半腰用无数块灰瓦修成的两个弓形厢亭，依附着“拱海门”，它们好像是终身守护着龙门的贴身卫士，静静地屹立在龙门两边，宏伟壮观的楼门直接冲击着人的视觉。走进“拱海门”，老街两边用青砖、灰瓦、白墙、朱红柱廊修复的房舍、洋行、照壁，无不投射出明清派建筑的风格。老街并不长，不过一公里，但却傍着静穆的城隍庙而建，给人一种神秘轻灵的美感。街面很窄，清一色的麻石板铺垫，给人一种年代久远的沧桑感。有的地段已换上了一块块青青的石板，犹如旧时农人穿带有补丁的衣裳，颜色深浅不一，令人感到有一种古朴和淡雅。写有“政通人和、国泰民安”的南门也互攀互争地向街中心伸展着，门角上吊的小铃铛在风中摇晃着，发出清脆悦耳的叮当、叮当之声。此际，回望老街的拱海门，弓形的门包围下的路窄窄长长，来往的人穿梭往来，更显得老街越发细长了。老街就像一条“天街”，让人恍若生活在仙境。

老街有一种诱惑，更有一种挑战。这诱惑，在于她的古老、沉静、温柔；这挑战，则在于她复活后仍保存的一种独特的风格。城隍庙，这是老街上的活化石，好像用无声的言语诉说着她的久远与神秘。这座庙始建于清乾隆年间，嘉庆七年（1802 年）落成。由山门、戏楼、钟鼓楼、大殿组成。高贵典雅、富丽堂皇、气势宏伟、刻镂精致、轮廓规正，其建筑糅合了汉藏民族风格，真实反映了当时湟源地处农牧交界和茶马互市中心地区的特点。看到静穆的城隍庙中吹出的袅袅娜娜的一缕缕炊烟，你会感到凡俗的尘世似乎已远离我们而去，喧嚣都市的浮躁之心立刻会平和安宁下来。

儒雅的文庙，建于民国七年（1918 年），由大成殿、东西两庑、过庭、月台、花园、走廊等组成。别致典雅、古朴简洁、文静秀气、小巧玲珑、红墙蓝瓦的文庙，其建筑汇集了古代殿宇式建筑和江南园林式建筑的壮美风格，真实反映了明清老街当时的繁华和艺术品位。伫立于文庙，能把你带到几百年前的旧式文明所笼罩的文化氛围中，去感受到中华民族源远流长的文化脉搏。浓浓的墨香和淡淡的书香伴着一阵阵清风弥漫在整个空间，使得清清冷冷的老街折射出气势夺人的文风。

老街，一街柔声、一缕清音，透着无限的亲切，灰、白、朱红三色饰面的老街民居，新开张的酒店茶馆，还有沿街的石碾、拴马环、马车等，仿佛欲将人带入“水调引歌继续听，到门沽酒客船停”的《清明上河图》中。悠悠岁月，风吹雨打剥蚀了楼台朱颜，但框架依旧，于古老中透出昔日的华彩底蕴，老街，让人追寻到时光的凝固，而遐想又给人以古老文明的重温和新读。

在老街的夜色里，当一轮新月洒落清辉时，湟源的能工巧匠们制作的精美排灯高悬半空，老街比白天热闹，精美的排灯把明清老街点缀得更加迷人，更加红火，张张精致的艺术作品无不体现出古色古香和明清古韵。步入老街，观赏和品读典雅迷人的排灯，不失为一种文化享受。曾在湟源生活过 18 年的美国人白大卫说：“如果整个湟源不在了，只要明清老街在，就值得飞过半个地球来看她。”

河　北

保定西大街

青石板铺就的小路，曲曲折折，厚实凝重。沿街建筑，青砖灰瓦，古色古香，还有那不时穿行而过的人力三轮车，串串铃声清脆……

这就是保定西大街。

逛西大街，宜在温暖而懒散的午后，仿佛是不期而遇，一股宁静悠远的气息扑面而来，沁人心脾。青色石板，高低错落的青色砖瓦楼宇，竟以为进入了南方水墨画的境界。

并没有苦心孤诣地经营，这条狭长的街道躲在城市的角落，显示着一种刻意的低调和平常。在这里行走，那些精致的木雕花饰门窗，门前的花形护栏和外廊，中西合璧式的店面，还有砖木结构的二层小楼，对称严谨，优美端正，如同走在精美的建筑画廊，流连忘返。

西大街在唐宋时期已经初见雏形。元大将张柔在西门外设置金台驿，北路修建城隍庙，于是街形更加明朗，清末民初，西大街热闹起来，商业文化气息日渐浓厚。800 米长的古街，70 多家老字号群峰鼎立，昔日繁华的光影已经成为记忆里模糊的时过境迁，但散发的浓郁的酒香、书香、药香、酱香，似乎依旧氤氲在古城的每个角落——

西大街是目前保定乃至全国保存较好的具有清末民初特点的独特建筑画廊，是以商业建筑为主的兼有衙署、学府、祠堂、金融、民居建筑的一条历史文化街区，素有“北方名街”之称。西大街建筑风貌独特，一般是坡顶、灰墙、半圆拱顶门窗、立面有装饰线和花饰，以砖雕成，做工精细，耐人观赏。

西大街素来店铺林立，百业俱兴。这些商业门市建筑风格大致分为三类：一类是中式单层或双层敞开式活动板门窗或精致木雕花饰门窗，顶部以木制檐板围合，有的门前还设有花形护栏和外廊；另一类为中国民族传统建筑特点与西方建筑造型合为一体的中西合璧式，最有代表性的是第一楼，它是一座方形内天井式砖木结构二层楼，楼中心是上下贯通的封顶式天井，大门开在一层正中，两侧各开西式窗户，西北、东北角各建略向外突的圆形带窗的棱柱形塔楼，楼顶建有圆拱形塔帽；还有就是为数不多的、以近现代西方建筑造型为前立面、通体水刷石、方形大玻璃窗的楼房。这些林立的店铺或单层或双层，或单间或多间，参差错落排列在狭长街上，形成了一条中西合璧式店面和传统商业建筑结合的建筑画廊。据统计，目前西大街仍有清代初及以前建筑 2 个，民国期间建筑 9 个。

西大街积累了丰厚的商业文化，众多老字号的商业牌匾便如同名人书法的汇展。如“恒泰茶庄”由华世奎题写，“乐仁堂”药店由冯恕题写，“立己人”药房由甘绵羊题写，“西德记茶庄”由朱春年题写，“万宝堂”药店由李鸿章题写，“直隶书局”由刘春霖题写，“稻香村”食品店由张诗言题写，以及直隶总督方观承为“德昌茶庄”的题书，潘龄皋为“中兴帽庄”的题书等，徜徉其间，仿佛是在中国书法的殿堂里漫步。

一路行来，稻香村煞是醒目。百年悠悠载，糕饼滋味长，稻香村老店像一个慈祥的老人，静静地守候在这里，看着历史的过往与今朝。据载，乾隆下江南，品尝稻香村糕点后大加赞赏，甚是喜悦，亲笔题“稻香村”牌匾，遂名遍全国。1917 年由曹洪波建立保定稻香村，因此开启了一段名载千古之旅。中西合璧式的二层小楼，古希腊汉白玉石拱柱子，两边各有西洋风格的半圆形窗子，左为含英，右为咀华。上面蕾丝一样的浮雕花朵，让人想到法国阳台上缠绕着花枝的铁艺，代表着西风东渐的时尚。朱红色的大门上挂着“稻香村”的匾额，无不透露着精妙古朴，似乎告诉人们如何殚精竭虑地经营以便薪火相传，屹立多年而不倒的故事；明亮的玻璃橱窗，一枚枚糕点宛若精致的礼物，干净亲切而温馨，难怪排队的人不绝如缕。

顺街前行，慢慢品味着古街的味道，一栋古朴建筑的别致格外引人注目，仔细看原来是大名鼎鼎的贤良祠。当年，清代直隶总督李卫修建起贤良祠，祭祀保定的所有忠良之士。韩愈曾道，燕赵之地，自古多慷慨悲歌之士，浩然侠义之气尽显。当年的先贤英烈，在这里成了逝去的回忆。

在文化气息浓厚的氛围里，每一样小东西都藏有文化的印迹，处处有文化风景。灰色浑圆的井盖像一枚枚精致的纽扣镶嵌在灰色的石板上，书写着“国家历史文化名城”和“西大街文化商业步行街”的字眼，两边则是四座典型的中式小楼，宛若一个个精致的工艺品与周边浑然一体，顿生一种透在骨子里十足的底气和自信，走在路上都仿佛步步生花，那是一种文化特有的魅力吧。

长长的石板，承载了多少人的风华和多少代的兴衰，但那种躲在角落里的古典情怀，一直都在。

陕　西

西安回坊

逛回坊，最宜凛冽的冬夜。

拢了双袖，耸了衣脖，闲闲地走着。道旁，细细的竹竿高高地挑了白炽灯，灯光下，硕大的铁锅里经年老汤咕嘟咕嘟冒泡，大块的肉不停地翻滚，水汽上升，裹了灯泡，光线就柔和了，氤氲了，活着，就有了触手可及的幸福。

四下秦腔般的吆喝声中，走累了，不要刻意挑选，脚停在哪一家，就是哪一家。掀帘进去，从丹田处聚一股气，以压过满屋嘈杂的气势没头没脑地迸出来，一个字——“泡!”然后径自挑个座儿，款款坐下。小二会悄无声息踅过来，扔一只粗瓷大碗，再递过一簸箕半发的面饼子。再大的胃口，二两一个的饼子，两三个足矣。

先净手，然后，以悠闲的心态，把大老碗放在膝上，把饼掰成几个大块，再慢慢掐成小指甲盖大小的碎块，此际，最忌性急。要不急不徐从容不迫，方能使馍块匀而不碎，杂而不乱。掰好后，一定要用手在馍块中抓揉轻搓几下，让附着其上的粉末散落下来，这样，煮出来的馍才会汁浓味厚。然后用夹子夹上号牌，端给大师傅加工。大师傅三教九流见多识广，一看这掰馍手法，就知道懂行的老吃客到了，煮馍时，就会多加了一份细心。

末几，大块卤羊肉、筋道的粉丝，合着馍，满满一大老碗，端上桌来。看不到热气，碗却是滚烫的。用筷子拨开一角，热气香气扑面而来。吃泡馍时不能瞎搅和，要一直沿着碗边用筷子慢慢拨到嘴里，不然汤就泄了，气就散了。老客，一碗馍吃到末了，汤，还要烫嘴，这才是道行。

有了吃羊肉泡馍的道行，回坊这一带的小吃，你就无往而不胜了。什么葫芦头泡馍、粉汤羊血、腊汁肉夹馍、笼笼肉、太后火锅饺、秦镇米皮、汉中面皮、岐山擀面皮、臊子面、浆水鱼鱼、肉丸糊辣汤、乾州豆脑、凤翔豆花……且去大快朵颐吧。

且慢，回坊可不是“吃”之一字那么简单。

西安回坊一般指的是西安鼓楼到北院门一线的南北向街（西安回民们把他们聚居区称作坊上），不过有时也会把相连的化觉巷、西羊市还有大皮院一同算进去。到了西安的游客一般都不会错过回坊，不光是因为街道两旁大量的美食店铺，更是因为这条街道深厚的文化内涵。回坊长大约500米左右，南北走向，特点是青石铺路，绿树成荫，路两旁一色仿明清建筑，或餐饮，或器物，均由回民经营，具有浓郁清真特色，深受游客的喜爱。

回坊作为饮食集中的街区而出名，这里现在虽然被视为针对外地游客的旅游点，但其实当地居民一直把这里当做吃小吃、逛街休闲的主要场所，尤其是夏天的夜市上在此吃饭纳凉消磨时间的市民更多。其实整个回坊地区都是饭馆林立，各种各样的清真食肆与摊点密密麻麻连成一片，其中不乏当地人最认可的老字号小店。而晚上的回坊则有着与白天不同的精彩，整条街被浓厚的市井气息笼罩，道路两旁遍布挂着电灯、汽灯的各种摊铺，主要贩卖糕饼、干果、蜜饯、小吃。这些小摊后面则是许多经营当地风味小吃的饭馆，人多时不光店里人满为患，连店门口也会摆满桌椅。烤肉串、涮牛肚的烟火在不甚明亮的灯光下弥漫整条街，熙熙攘攘的人群都是边逛、边吃，看到小摊上中意的东西就和摊主还还价。还可以到鼓楼广场的座椅上歇歇脚，看卖风筝的小贩把数十米长的风筝一直放到马路对面的高楼顶上。一切都充满真实热闹的生活热情。

回坊的历史很久了。据说，汉唐时国外的使节和来长安做生意的商家们聚居在这里，不断地繁衍生息，现在的坊上人大都是这些古老移民的后裔。他们用自己的宗教形成了高度的凝聚力，在汉人占主流的社会中，顽强地坚持了自己特有的文化生活圈子，他们的血液中还保留着精明商人和贵族的遗传因子，一直到了今天。在一千多年前的汉朝，这里就曾经作为丝绸之路的起点，迎来了回民的先民——来自古阿拉伯、波斯等地的商人、使节、学生。历史记载，许多人沿着丝绸之路来到繁华热闹的长安城后，在这一区域经商、留学和做官，一代代繁衍生息。而今，这里成为6万多回族穆斯林群众的聚居区。作为伊斯兰文化的传承之地，这一区域今天仍然有唐代含光门、明代西城门楼群、众多保存完好的清真寺和道教城隍庙、佛教西五台、喇嘛教广仁寺等众多文化遗迹。街区内众多街道具有浓郁的伊斯兰风格，清真饮食城、民族购物中心和清真寺、回民生活区相映成趣。

回坊里，还有一处人文建筑是不能落下的，那就是西安化觉巷清真大寺。化觉寺始建于唐玄宗天宝元年，距今已经有1200多年的历史，后经宋、元、明、清的几次重修和扩建，逐渐形成了规模宏大、楼台亭殿布局紧凑和谐、庄严肃穆并极具明清风格的巨大古建筑群。其建筑风格体现了伊斯兰文化与中国传统建筑艺术的有机统一，是迄今为止我国最具特色、保存最完整、最典型的中国式清真寺之一。全寺分5进院落，占地13000平方米。

精神享受与物质享受的统一，这就是西安回坊的魅力。

米脂古城老街

工匠们
还没来得及洗一把
沾满泥腥的手脸
便已悄然入睡
无一丝血色　冷森森的面孔
从苍白到铁青到黝黑
任闪电和闷雷的煅打
剥落的墙壁上
印着手印和血迹
字迹和图案模糊不清的石头
摇摇欲坠　跌下来
将会砸到哪一个来者
马鞍盘龙凤凰翔凤文屏山
无定河流金河饮马河
西角楼魁星楼文昌阁
华严寺灵隐寺柔远门观澜门
东街西街南街北街
小巷则安巷则寺沟巷草场
高家大院常氏大院
英雄李自成和美女貂蝉走过的街道
有过烟熏火燎的战争
有过刀枪棍棒的械斗
兵器和刀具　锈迹斑驳

密不透风　四四方方的城
一声枪响　土崩瓦解
三十年河东　四十年河西
黑白分明的门洞里
走进走出着　一个个黑白分明的人
米汁如脂的地方呵
你的养颜之水
养活了一代代美颜
却养不活这一座古老的城池
历经战火战乱械斗瘟疫和饥饿
粗糙的皮肤经风受雨之后
不再畏惧严冬和酷暑
不再有野兔　随清脆的枪声
在河水暴涨的原野里出没
阳光照不到的角落
生长绿苔也滋生阴暗
盐粒一样的雪
撒在四合院的瓦片上
融化的雪水
在房檐上结成冰棒
让所有的砖木石雕上
都挂满雪霜
凸凹不平的石板街上
灰色的房檐和幽蓝的天空
倒映在一汪汪明净的秋水之中

这是陕西当地一位诗人以《米脂老街》为题的诗作。读之，塞北朔风紧、雪花大如席的苍凉感扑面而来。

走进米脂老街，就是这种感觉。

提起陕北的米脂，人们总会想到貌倾天下的美女貂蝉，总会想到名扬天下的闯王李自成，也会想到秀甲天下的“米脂婆姨”。然而，在这些名人的背后，具有浓厚历史文化的米脂古城却鲜有提及。在历经数百年的岁月剥蚀和人为损毁之后，这座淹没在历史长河中的古城，仍然保存了具有深厚文化底蕴的老街，向世人诉说着它的历史沉浮。

米脂古城，以“下城”十字街为中心形成的东大街、西大街、北大街等主要街区保存较好。古城内地面石板和石片随不同地形坡度，或平铺，或竖砌，各具特色。古城一条街是整个窑洞古城聚落的主要街巷景观，众多保存较为完整的窑洞四合院则分布在大街两侧商用店铺后面。

全世界共有 50 多个国家和地区有窑洞建筑，最精美的是中国黄土窑洞。在中国，窑洞建筑主要分布在黄河中游的陕西、山西、甘肃、河南等地。陕北窑洞讲究布局、注重装饰，在全国最具典型性。米脂具有近千年置县史，拥有全国独一无二的窑洞古城和全国最大的几个窑洞庄园。有人形容，走进米脂，就走进了窑洞的世界，走进了窑洞民居的博物馆。米脂窑洞，无论其种类、造型、拥有量，还是布局、工艺、装饰上，都在全国独占鳌头。

窑洞遍布的老城，自明嘉靖以来历经百余年，东大街、西大街、北大街古风古韵，从老城中心的十字路口向周围延伸，石板铺道，铺面林立。老城内历代窑洞比邻而居，这是当地生活的一大特色，保存下来的有高将军宅（明延绥镇镇边将军）以及高家、杜家、常家、艾家、冯家等众多的明清窑洞大宅，这就是陕北最著名、最典型的“明五暗四六厢窑”式窑洞四合院。“明五”，是指窑洞大院正面主体建筑是五孔砖石窑洞；“暗四”，是指五孔窑洞两侧分别对置体量比较小的两孔窑洞；“六厢窑”，是指正面主体窑洞两侧对称建筑的六孔窑洞。再搭配厢房、耳房、客厅、照壁、垂花门、月亮门，石碾（青龙）、石磨（白虎），大门石狮等，以及砖、石、木雕，形成精美的窑洞四合院，令人叹为观止。院落里的瓦当、吻兽、砖雕设计细致，照壁、抱石鼓、月亮门、垂花门、窗棂花原汁原味。

晨昏时分，窑洞四合院里炊烟袅袅，这是个信号：干旱少雨多风沙的苦焦之地，活的文化依然延续。

吉 林

长春新民大街

长春是中国第一个全由世界著名设计大师规划设计的城市，是中国唯一的仿照外国首都（巴黎、堪培拉）建造的城市，整个城市全部掩映在绿海之中，因此有“城市山林”和“森林之都”的美称，其中，尤以新民大街最具代表性。

全长1446米长的新民大街，建于1933年，初时名为“顺天大街”，取《圣经》中“人应顺天”之意。当年，这条道路两侧分别坐落着伪满政权的“四部一院一衙”，成为伪满政权的政治中心。

所谓的“四部一院一衙”，即伪满洲国军事部（旧址现由吉林大学第一临床医院使用）、伪满洲国司法部（旧址现由吉林大学新民校部使用）、伪满洲国经济部（旧址现由吉林大学第三临床医院部使用）、伪满洲国交通部（旧址现由吉林大学公共卫生学院使用）、伪满洲国国务院（旧址现由吉林大学白求恩医学院使用）、伪满洲国综合法衙（旧址现由中国人民解放军空军四六一医院使用）。

新民大街以一己之身见证了长春、东北乃至整个中国的时代变迁，还以自己的名号呼应了不同时代的呐喊声——1946年国民党统治长春时期，改为“民权大街”，取自孙中山先生所提倡“三民主义”之一的“民权”。1949 年 10 月新中国成立后，道路更名为新民大街，沿用至今。

新民大街修筑至今已有近 80 年的历史，基本布局和重要历史遗存仍保存完好，仍然保留了时代的印迹。

长春曾是日本扶植的傀儡政权伪满洲国首都“新京”所在地，其自身伪满遗存的真实性、唯一性和完整性是国内其他城市难以比拟的，是具有警示性意义的历史文化遗产，对揭露日本军国主义罪行、反省历史、警惕未来具有重要意义。

而新民大街两侧所留存的“四部一院一衙”历史遗存，作为当时日伪政权殖民东北的中枢机构，更是不可争议的史实证据。作为研究伪满洲国历史的实证史料，对于 20 世纪三四十年代东北地区政治、经济、文化个案研究和揭露日本侵略东北罪行，都具有较高的学术价值。

20 世纪三四十年代长春进入了城市建设快速发展阶段，这一时期所设计建设的各类建筑设施抛开特定历史时期所赋予的政治属性外，在建筑艺术风格和建筑史上均具有重要价值。

特别是新民大街两侧所留存的“四部一院一衙”，出自石井达郎、相贺兼介、牧野正巳等 20 世纪优秀建筑设计师之手。这些建筑从风格上融入中国传统建筑精神的同时，又掺杂有欧洲折中主义和日本传统建筑构件和细节，是当时的一种全新的建筑风格。这些历史遗存代表当时亚洲建筑业最高水平，在 20 世纪亚洲建筑上占有举足轻重的地位，为研究亚洲建筑史提供了难得的实物资料。

新民大街的街心路、绿篱和行道树也是新民大街的一大特点。

当年，日本侵略者在筹划伪满首都——新京（今长春）的城市规划中，援引了西欧“花园城市”（主要是英国）的城市规划理念，在长春规划出多块绿地和公园，新民大街作为一条重要街路，绿化方面也受到了当局的高度重视，在路的中心设有回车岛（表现形式为绿岛和绿化广场），主干道两侧都栽有行道树。

虽然今天很难找到新民大街在伪满时期具体栽了哪些树，但是根据长春市特定的绿化自然环境来分析，长春市区树种大多选择小青杨、柳树、糖槭、松树等生长迅速、枝干挺拔、枝叶浓密的高大乔木，这也应该是当年新民大街绿化主栽的树种。

新民大街的绿化在全国也独具特色：一是植被丰富，每年有花的时间长达半年左右，甚至考虑到以秋季一些树木果实来做色彩点缀；二是考虑冬季的色彩，特别在街心道栽植了大量耐寒的黑松、油松。新民大街上，古树名木有不畏严寒的苍松、婀娜多姿的垂柳、挺拔参天的青杨、枝繁叶茂的白榆、霜红胜华的五角枫、硕果累累的寿星梨树、山丁树、核桃秋、香气飘溢的紫丁香、果实沁人心脾的桑树。每一株古树，每一棵名木，都在见证一段历史，承载一个故事，展示一种精神，表现出很高的人文品位。

在吉林大学临床医院教学楼前两侧生长的 2 棵油松，据说是溥仪亲手栽植的。如今这两棵油松长势良好，树干挺拔，苍劲向上，树冠丰满，枝密叶茂，生机勃勃，树姿优美，四季常绿。

在新民大街上漫步，每每驻足都会生发些慢生活里细碎的感触。全因为这条街实在感性：马路中央绿化带里淡雅清幽的松、柏、丁香、桃、杏、梅与行道白杨在空中交握，搭起两条并列的绿色长廊，春有繁花似锦，夏有树影婆娑，秋有黄叶铺地，冬有白雪垂枝。看起来，长春的四季全都肆无忌惮地浓缩在此了，哪怕无心一瞥，都不能忽略它的清晰、纯粹、镇定，行走其间，轻盈的脚步会将时光停滞下来。

营口辽河老街

营口辽河老街是营口市最早的商业街，也是东北地区最早成型的商业街。

辽河老街坐落于辽宁省营口市辽河大街西段，全长1.3公里，整个街区占地面积20余万平方米。老街是营口的发祥地，也是营口城市变迁的缩影。

老街背靠渡口，口岸贸易首先在此兴起。清雍正四年（1726年）营口修建天后行宫时，辽河老街就是客商云集、店铺林立的繁华街市。到清咸丰十一年（1861年）营口正式开港。作为东北第一个对外开放的通商口岸，国内富商咸集于此，西方各国商人纷至沓来，老街上华洋同处，中外并陈，商号林立，贸易聚兴，成为近代东北最繁华的商贸中心和金融中心。

辽河老街两侧现存百余年的近代建筑31处，原始业态包括粮栈、油坊、银号、杂货屋子、绸缎庄、金店等，经营项目十分丰富。它们不仅形式、用途多样，有中西合璧之美，更反映出中西文化的逐步融合，具有极高的历史价值。营口辽河老街因此被誉为中国北方“露天的百年商埠博物馆”，老街上的建筑因此享有“近代建筑博物馆”之美誉。

一

营口位于东北松辽平原南部，辽东半岛西北部，大辽河入海口左岸。西临渤海辽东湾，北依辽河，海河交汇，得天独厚，史称“襟海带河，神皋天府”。独特的地理位置，使营口很早就从农耕文化或渔捕文化走向了港口文化。根据西大庙石碑记载，早在清朝雍正四年（1726年）修建天后行宫（即西大庙）时，营口的辽河航运已经是“舳舻云集，日以千计”的繁荣景象，营口已成为国内粮食转运码头。史料记载，营口“为东三省农产出口之首要区，历年辽河流域所多余之粮食，皆从内地用大车或船装至营口，分发各处”。清咸丰十一年（1861 年）营口开港，营口沿河有 27 座码头，辽河老街身后的后河沿是码头最密

集的地方，航行在辽河中的 3500 只各式小型木船，以及行驶在国内航线上的 2000 多艘大型木船，基本上都在此停靠和卸货上货；辽河老街的中部河沿处有客运码头和通向河北的渡口，渡口的对岸是沟营铁路营口河北火车站，辽河老街可以说是营口的水陆要冲，为航运服务的大屋子、店铺鳞次栉比。港口文化使营口人较早地接受了外来文化的影响，进而使今天的营口人从骨子里就有一种“敢为天下先”的气势。辽河老街是营口乃至东北近代化的起点，辽河老街近现代优秀建筑是我国北方早期港口文化的象征。

二

近代营口“乃东三省咽喉之地，兼通高丽、珲春等处，虽曰塞外僻壤，实一大埠头也”（清代王锡祺编纂《小方壶斋舆地丛钞》所收《营口杂志》评语），向有“关外上海”“东方贸易总汇”的美誉。东三省的粮豆、南北药材、杂货及茶布都在这里集散，同时也是豆制品、海产制品的基地。以1906年为例，在营口投资的商号达400多家，截至1931年“九·一八”事变，营口的商号发展到2588家，规模较大赢利较丰的就有20余户，其中一些著名的商号都在辽河老街及其附近，如上海瑞昌成总号营口分号，永和祥、兴茂福、宝和堂等。在现存的辽河老街近现代优秀建筑中，属于工业加工和商贸经营的商号，有22家，主要是大屋子、金店、油坊、绸缎庄、鞋店、药材铺、茶叶庄等。“大屋子”是营口商业资本运作的一种特殊经营行业，与现在的仓贮运输公司相似，代理批发转运，兼办租车、租船、货物发送及交易中介、代管来往客商住宿饮食的业务。这些建筑，历经清代、民国、伪满时期，几易其主，饱经沧桑，见证了民族工商业的兴衰史。

三

营口开为商埠之后，当时东北“所有南北满之出进口，概以营口为吞吐之唯一口岸”，“凡外埠至营贸易，除锦宝（锦州府元宝银）外，必令帖色或熔化为九九二（成色为99.2%）之营宝（营口银元宝），方能通用”。这种过炉银制度既有手续，又免烦扰，而且商家又可多增过筹银码以资周转，备受欢迎，畅行70多年。营口炉银既是硬币（营口银元宝）、纸币（过账炉银）的铸制者，又是兼营汇兑的金融机构，对东北币制金融的发展，活跃关内外贸易，起了极大的促进作用，营口“遂一跃而成为东北的金融中心”。目前辽河老街现存近现代优秀建筑中，有6家是当年的银号，如东记银号、公益银号、永惠兴银炉、永茂号银炉、世昌德银炉等，它们既体现了近代营口东北金融中心的地位，也体现了港口文化制定规则、订立标准的现代意识。

四

从19世纪60年代到20世纪20年代是中国近代建筑史的“洋风”时期，以模仿或照搬西洋建筑为特征的潮流居于主导地位。营口以开埠通商为契机，加入了那个时代的建筑潮流之中，中西合璧的建筑风格大量涌现在辽河老街临街的两侧，包括主要表现为三种风格：一种是仍沿袭传统结构和形式。另一种是沿用传统结构，但临街门面建成“洋门脸”，砌出壁柱、开圆券窗、檐头高筑女儿墙，利用女儿墙栏心写字做商业广告。高筑女儿墙类的建筑有：世兴金店旧址、泰顺祥茶叶庄旧址、永惠兴旧址等；砌出壁柱类的建筑有：协盛丰旧址、东记银号旧址、兴茂福旧址等。还有一种是全面学习西洋建筑的结构和形式，临街门面作西洋柱式，显得单纯，但和西洋建筑又不全一致，代表着早期的探索。如以山墙面为重点装饰的做法；在平台、阳台、楼梯和门窗上用方形金属栏杆，锻打出各种花纹图案；喜用敞廊的风格等。屋顶处理手法不拘一格，有小坡顶，也有小坡顶带女儿墙，有俄国式帐篷顶、拜占庭式穹顶、法国式穹顶、孟莎式屋顶等。营口辽河老街近现代建筑，属于开创时期的第一代建筑，而广州、上海、天津等城市保留下来的近现代建筑，多是近代历史上的第二代、第三代建筑。因此，辽河老街近代建筑备受建筑学家青睐。

哈尔滨中央大街

有点恍惚，有点迷失，穿梭于这些古老而斑驳的建筑中，时间久了就会喜欢上这些破旧的事物，就会感觉这些东西充满着故事感。眼前的大街，令人遐想，令人幻觉，将历史痕迹秉着岁月的雕琢，共同促成了如今这风格特异、沧桑感强烈的一道风景！

过去，未来，现在，平行世界。生命中四种纹路的存活，仿佛能够丢给人们一个虚渺的希望，当过去的悲伤已经发生，当未来的惨淡已在酝造，当现在的迷茫时刻蔓延，似乎还有一个平行世界，留一个神话的可能。在这样的世界中，有机会一点点弥补或许发生过的错误，尤其是那些成为现实的遗恨，该是如何的欣喜。

走在哈尔滨中央大街，前世今生，悲欣交集。

夜幕下的中央大街，流光溢彩。踽踽独行其间，人仿佛也古朴起来，像脚下整齐排列的小小青石，温顺地任时间将其磨得铮亮。因为她的热闹繁华，因为她不平凡的百年历史，更因为她欧式风格的美丽，这样的美丽拒绝匆匆的车轮和走马观花的眼神。

路灯的柱子做成枝型烛台的样子，涂着黑漆，顶上是用毛玻璃箍成的灯盏，仿佛是19世纪欧洲街道上的汽灯。如果忽然马蹄沓沓、车声辚辚，从拐角处转出来一辆黑色的维多利亚式马车，也不会让人惊奇。

这里的建筑洋溢着浓浓的异国情调：有的带有巨大的入口，顶部是巨大的钝角屋顶，由一排大石柱支撑着——这是希腊风格的；有的造型简洁，门窗轮廓上有明显的曲线痕迹——这是新艺术运动的遗泽；还有的建筑在细部上极尽修饰，包括窗台、立柱、穹顶上到处都是细小的镂空、镏金和浮雕的花纹——这当然就是那花里胡哨的巴洛克啦。欧式建筑曾是松浦洋行，其建筑艺术之精美堪称“哈尔滨之最”，二楼半圆额窗两侧，立着人们常在西洋油画里看到的半裸雕像，一男一女均俯首顶檐，用自己健美的身躯支撑起三楼的弧形阳台，望着他们，有情人定能引出不少有趣的话题。

如松浦洋行这样的欧式建筑，中央大街上比比皆是，著名的有马迭尔宾馆、妇儿用品商店、道里秋林公司、华梅西餐厅，这些建筑互相辉映，构成了中央大街的亮丽风景。

傲立大街中段的豪华马迭尔宾馆，是路易十四风格的建筑，具有优雅多变的窗洞形式、玲珑精致的阳台栏杆、丰富细腻的装饰线脚、极具动感的女儿墙……外观的雍容华贵已经使人目不暇接，而法国洛可可风格典雅的内部装饰则让人动心动情。走进大堂，扶着铜质栏杆，穿过高穹修长的回廊，一路有如真如幻的镜饰、仿生物的石膏线脚相伴，置身艺术博物馆的感觉亦不过如此，或许这就是马迭尔宾馆的文化魅力。

索菲亚教堂是哈尔滨最美丽的建筑，同样也是最著名的旅游景点。这座远东地区最大的东正教教堂，属于拜占庭式建筑风格，它始建于1907年，1923年至1932年历时九年重建，整个教堂外表富丽典雅，气度颇为不凡。教堂由红砖砌成。大堂顶上是绿色的拜占庭式球状尖顶，四个附阁的楼顶略矮，是俄罗斯特色的帐篷式尖顶，顶上是高耸的十字架。

中央大街最迷人处，在于它的道路。

1924 年 5 月，由俄国工程师姆特拉肖克设计监工，为大街铺上了方石块。当时街面的宽度为 10 沙绳（俄度量单位：1 沙绳 = 2. 134 米），也就是今天中央大街的宽度：21. 34 米。方块石路的设计宽度为 10. 8 米，铺路用的方块石为花岗岩雕铸，长 18 厘米，宽 10 厘米。其形状大小如俄式小面包，一块一块，精精巧巧，密密实实，光光亮亮，路铺得这样艺术，在中外建筑史上都很罕见，据说当时一块方石的价格就是一美元。一美元那时够穷困人家吃一个月的。中央大街足有 750 米，真可谓金子铺成的路。

方石使得中央大街顿时显得华贵起来，当时大街上的外国商店、药店、饭店、旅店、酒吧、舞厅不计其数，其中道里秋林分公司、马迭尔旅馆在整个远东地区也颇有名气。在这条哈尔滨最时髦的街上，俄国的毛皮、英国的呢绒、法国的香水、德国的药品、日本的棉布、美国的洋油、瑞士的钟表、爪哇的砂糖、印度的麻袋，以及各国干鲜果品均有出售，不亚于一个国际商品博览会。

不过，在本世纪初，这条大街不以“中央”冠名，而以“中国”冠名，据说是俄国人给取的。哈尔滨从百年前的渔村变成今日的国际大都市，与俄国人有着千丝万缕的联系，从如今散落在繁华街市中的上百座俄式建筑，如著名的秋林公司，以及用“斯大林”命名的街道、公园，都能触摸到历史跳动的脉搏。

一个城市在成长之初，会被建设者赋予最本真的气质，不管之后被涂抹过多少层不同的色彩，这种气质亦难磨灭。

齐齐哈尔昂昂溪区罗西亚大街

昂昂溪小镇，罗西亚大街，写满了千年的沧桑。

在昂昂溪的大街小巷，你会感到，这里没有城市的喧嚣，一切都是那么井然有序。宽阔的道路，经纬分明，道路两边草坪、花坛、果树相互交错，把小镇装扮得如同妩媚的少女，清纯而含蓄。

这里的火车站展现着历史和今天；俄罗斯式的原齐齐哈尔火车站，已经成为国际旅客候车室；新建的昂昂溪火车站，每天热情地迎接着来自四面八方的客人。

这里的天很少下雨，但这里的空气却非常好，随着风向的不同，时而带着泥土的芳香，时而缭绕着草原的清新，时而散发着江河湖泊的缕缕湿润。

这里的人热情洋溢，如果你问路，他们不但认真指点，有时还会送你一程。在路边的果园里，无论你有无买意，果农们都会把葡萄、李子、沙果捧到你的面前，让你吃个够。

感受异国风情

从昂昂溪到罗西亚大街，中间只隔着一条铁路。这条修建于 19 世纪末期的中东铁路将昂昂溪分成南北两个部分，道南是昂昂溪充满现代都市气息的主城区，道北则是由俄罗斯铁路俱乐部、俄式火车站、俄罗斯民居等 117 栋俄式建筑组成的建筑群。充满异域风情的罗西亚大街就位于昂昂溪道北的俄罗斯小镇的中轴线上。罗西亚大街的形成与这条铁路有着密不可分的渊源。

中东铁路是沙俄为了掠夺和侵略中国、控制远东而在中国领土上修建的一条铁路，为“中国东清铁路”的简称。据历史记载，1896 年，李鸿章代表清政府签订了《中俄密约》，出卖了路权，俄国有权免费运兵，运往俄国的货物一概免税。“九·一八”事变后，日本占领了东北，苏联违约，出卖了中东铁路南段（长春至大连）。日本买下这段铁路后，立即把宽轨改为窄轨，以适应其对华进行侵略战争的需要。中东铁路又成了日军侵华的“坦途”，称南满铁路。民国后改称“中国东省铁路”，简称“中东铁路”。

1897 年 8 月，中东铁路动工修建。1904 年以哈尔滨为中心，西至满洲里，东至绥芬河，南至大连的中东铁路建成通车，而昂昂溪火车站也成了这条铁路上的一个重要枢纽。当年，它担负着编组、修养、护路等重要功能，来自俄国的工人和技术人员涌入此地修建铁路，同时他们也在火车站附近建设了大量的办公和居住建筑。年复一年的建设，使众多的俄式建筑汇聚成了一条街——罗西亚大街。

作为中东铁路附属地，俄方当时在这里成立了“自治会”，管理行政事务，使昂昂溪成了国中之国，严重损害了中国的主权。1920 年 10 月，中国政府设立东省特别区，取代了中东铁路附属地，在哈尔滨设立了市政管理局，收回了行政管理权。1923 年 4 月，设立了东省特别区溪市政分局。20 世纪初期，昂昂溪站的站名叫齐齐哈尔站。1908 年，修建了齐齐哈尔至昂昂溪之间的轻便铁路。1927 年 7 月，洮昂铁路通车。昂昂溪作为 3 条铁路的交汇点，成为省城交通的必由之路和重要的贸易商埠，附近各县粮食和其他货物均在此集散吞吐，嫩江流域的农副产品也大多由此中转，过往商旅频繁。大量增加的外来人口，便捷的交通，使昂昂溪一时间商贾云集，外地客商纷纷来这里办工厂、开商号。昂昂溪街上，车水马龙，酒楼茶馆鳞次栉比，买卖络绎不绝。20 世纪 20 年代初期，这里已有大中型饭店 21 家，客栈 10 余家。中东铁路建成时，在昂昂溪居住的俄国人有1600余名。此后，俄罗斯人大量拥入，最多时，居住在昂昂溪的俄罗斯人达4000余名。他们不但在道北以罗西亚大街为中心建设了大量俄式建筑，还在车站开设了俄式餐厅，在罗西亚大街开设了杂货铺、药铺、表铺、肉铺和饭店，在俄罗斯铁路俱乐部开设了酒吧。由于俄罗斯人众多，以至于当时昂昂溪市政分局的公文普遍采用中、俄两种文字。其他国家在中国的商人也敏锐地感觉到了昂昂溪的商机，纷纷来此经商。在罗西亚大街，除了俄罗斯人开设的商铺外，还有丹麦商人、英国商人、法国商人以及波兰商人开设的商铺。随处可见的外国人使这里具有了浓烈的国际化色彩，昂昂溪被称为东北的“国际都市”。

无声的乐章

历史的车轮不会停息，岁月的流逝也在不经意地改变着昂昂溪几代人的生活。如今，虽然罗西亚大街上那些俄式建筑的主人，早就从俄国工人、技术人员变成了热情好客的鹤城百姓，但罗西亚百年的风情和它所承载的厚重历史，在当地人的精心呵护与包容中愈发迷人与成熟。

漫步在罗西亚大街上，两旁的一栋栋俄式住宅顺地势而建，高低不等，它们都有着鲜明的异域特色：厚厚的外墙被粉刷成了黄色，窗户基本都开在南面，而且又高又窄，屋子里面有木板天棚和又宽又厚的松木地板，有的房子还保留着火墙和壁炉。每栋房子门斗、阳台的样式和装饰都各不相同。这些仿植物形态、生动活泼富有浓郁生活气息的精致装饰，虽然经百年的风吹雨打，但依然平整完好。

随便沿大街旁窄窄的小巷，走进这些民居的院落，映入眼帘的又是另一番景象：偶尔看到有居民在菜园里修枝剪叶，或在门前树荫下乘凉；几位退休老人围在一棵大树下下象棋，树上挂着几个鸟笼，不时地传出小鸟欢快的叫声；许多小猫、小狗也在门前懒懒地晒着太阳……一片祥和、安静的景象，仿如世外桃源。

端详每一栋俄式建筑，外观基本保持着百年前的模样。只是经过百年风雨洗礼，还是在这些见证了中东铁路历史的俄式建筑群上留下了“暮年”的痕迹：许多门窗上的油漆脱落，有的木制框架干裂腐朽，尽显斑驳苍老之态。在一栋俄式住宅墙体上有一块“昂昂溪铁路俄式住宅”简介：始建于清光绪二十九年（1903 年），是随中东铁路建设兴建的俄式住宅区。毛石基础、木屋架、木刻楞、外包 24 砖墙。这些典型的俄罗斯民居，直到今天还在诉说着当年的故事。

夕阳西下。罗西亚大街，宛若一条记载着历史风云、岁月沧桑的河流，在身边缓缓地流淌……

贵　州

黎平翘街

总是无法找出一个恰当的理由来解释，为什么一直都会如此喜欢古老的小巷。只要感觉心累了，于是，在某一天独自走出家门，就能在那些纵横交错、幽深几许的小巷里品味出许多很特别的感受来。在那“小楼一夜听春雨，深巷明朝卖杏花”的小巷里，思绪便会从纷繁琐碎的世事纠缠里一下子宕开很远，随意，自适，怡然。于是一种亲切的美丽如水般涌来，一颗苦于俗务的心便荡漾其中。那是一种超凡而不脱俗的雅致和深藏不露的丰富，仿佛是深入骨髓的宁静，少了一些浮躁，多了几缕清幽。

翘街，就是这样一条心灵小巷。

翘街，又称东门街，是贵州省黎平县城唯一保存下来的一条古老街道，它东起古城垣东门，南至二郎坡荷花塘，全长一公里有余。因其两头高，中间低，状如一条翘起的扁担，所以称为“翘街”，又叫“扁担街”。

清早，沿着石板铺就的小街巷慢慢前行，在享受山城早晨特有的新鲜空气的同时，可以细细倾听那些明清时期的老房子所奏出的古老发黄的曲子。斑驳的老房子，似乎一砖一瓦都在述说着穿梭岁月的沧桑，而那些木

雕、砖雕、石雕所表露出的情感与愿望，不更像是一首曲子的华彩吗？

黎平是宋代至民国的一座不可多得的文化储存库，众多的文物古迹至今保存完好。东城门洞、南城门洞等古城墙依然存在；二郎坡、马家巷、左所坡、姚家巷、双井街等明清时期的民宅建筑群依然林立；两湖会馆、胡荣顺商号、九如堂等清初的商业古建筑依然高耸。明清时期的翘街是“繁华绵延数百年”，“百货所聚，商贾云集”之地，是个地灵人杰，人才辈出的地方。明清两代，黎平共出进士 30 人，举人 236 人，涌现出明代翰林大学士兼兵部尚书何腾蛟、亚中大夫前吏部尚书梅友月、朱万年等众多人才。

站在翘街最低处，远远向两头望去，一排排封火墙，一座座四合院，鳞次栉比，错落有致。封火墙上翼角飞翘，马头墙的彩绘精美细腻，房屋的门窗装饰，图案古朴、内容丰富。街面条石、卵石铺墁，石梯连接，极具地方特色。

黎平翘街就好像古代的少女，躲在僻静的深闺，轻易不肯抛头露面，想捕捉她的香气和她的一颦一笑，真正感受她脱俗优雅的风度，需要用心细细地品味。

这些古老街巷的动人之处就是无比的休闲，闹中取静而别有天地。它们是黎平城别致的风景，是这个山城风俗人情的浓缩。它凝重的美和悠闲，尽显着自己的宁静优雅，透出一种神秘的气氛和浓郁的文化气息。

翘街的小巷，清幽安静，没有大街上车水马龙的浮华和人流如潮的喧嚣，从闹市走进小巷，犹如一缕清风扑面而来，怡人，怡心。徜徉在巷子里，浮躁的心灵会变得安宁。小巷恬静淡然，与世无争，宠辱不惊，无论外面的世界怎样精彩，无论世事如何变迁，它依然清幽平静，把荣辱兴衰置之度外，任岁月淡淡流过，小巷独自在时光深处明媚着，就像一幅古朴典雅的画卷，又如一篇飘逸恬淡的散文，意蕴悠远，耐人寻味。

四五月间，是翘街小巷最美丽的季节。有些院落，你就是站在门外看，也能感觉到那种独特的气息，桧柏、丹桂在青砖灰墙中显得苍劲挺拔，苍翠欲滴，还有攀援在淡黄院墙上的藤萝叠蔓，偶尔有羞涩探出墙头的蔷薇，让人想起“庭院深深深几许”的诗句，浑身顿有铅华洗尽，气定神闲的感觉。

翘街昔日的繁华虽已烟消云散，旧时的达官贵人豪宅大多已成民宅，残梦早已收起，掩藏在青砖瓦屋间，掩埋在俗世尘埃里。可是，走在这清幽的小巷里，便会让人泛起几许温柔的涟漪，在沉睡了的那页历史中，飘散出一个个鲜活的人物，每一道宅门里面都蕴藏着无数美丽动人抑或令人心酸的故事。纵深逶迤的小巷里弥散着的是静谧，深藏不露的书卷气。

去翘街小巷，最好选一个有雨的日子，独自一人撑一把雨伞慢慢地走。低头看逼仄小巷的石板路，一处处浅浅的积水泛着幽幽的光，抬头看两边高高的青砖老墙，墙头艰难生长着的一丛丛柔弱的野草和老墙下拥挤的苔藓。这时，你也许会对人生有一种顿悟。

在这样的雨天里，小巷中常常会空无一人，只有自己轻轻的脚步声和淅沥的雨声打破这时光中的宁静。这时，你一定会感受到那无处不在的闲适和恬淡。小巷里的春天，或许就是被探出墙头的一丛丛正在抽芽的枝条勾引来的，那些嫩嫩的芽儿，一天一个模样地疯长着，当它们渐渐变得茂盛起来的时候，春风就吹开巷中那一扇扇已经闭了一冬的木门。当你走过那些半掩的木门时，门里还会传出一两声画眉鸟的婉转鸣叫。

在细雨迷蒙中，在这悠长又寂寥的小巷中慢慢地走着，你能寻觅到许多光阴在这里留下的痕迹。仿佛一不小心就看到身穿长袍马褂戴着小眼镜的账房先生在打着算盘，滴水的屋檐下，身着旗袍的少女纤巧的身影，在悠长的巷子里飘逸，而那把油纸伞，仿佛就是旧时黎平最诗意的岁月里，正在盛开的莲花。

小巷两侧错落地居住着平常老百姓，院里的粉墙因年久而色彩斑驳，黑白之间有着悠悠岁月的纹理，行于其间不禁使人生出走入人间隧道的错觉来。曾经的每一座老宅背后都有说不尽的故事，而如今看到的是一幅幅宁静安详的画面，全然没有高楼里的那些漠然和隔阂。平日里，老人们话话家常，下下棋，养养花，逗逗鸟，小孩子们则三三两两地聚在一起玩耍打闹。就在这家长里短之间，生活过得悠闲而舒缓，尽显一派和谐的景象。

是的，翘街虽小，但它们是黎平古城历史文化底蕴的印证，是古城文物荟萃的一个缩影。回望小巷，仿佛刚从一幅画中走出来，从一个梦中走出来，走出传奇，走出神秘，却怎么也走不出对翘街深深的依恋。

中卫高庙

庙宇，大多藏于山林之中，取一山之宁静；但中卫高庙，却与众不同，竟然显于车来人往的市井之地。人们或许对这座闹市里的庙宇，并没有多少遐想——庙外车马的喧哗，似乎已经打破了佛门的清净。但，走进高庙，却陶醉得忘了自我。这真是一山自有一山景，连庙宇也不例外。

触摸高庙六百年沧桑

高庙，历史上曾有“新庙”之名。清朝康熙年间重修后，又有“玉皇阁”之称。历史上，高庙曾几经地震和火灾的损害，也有过多次重修改建。

高庙始建于明朝永乐年间（1403 年），在时间的长河里静悄悄地走过六百个春秋，人们对其多次重修整建，当年奠基高庙的砖瓦已经无处可寻了。六百年的历史沧桑，风云变幻就藏在它的一砖一瓦中。今天走过这里的人们，触摸一砖一瓦时，想象的是六百年风风雨雨的故事。因为触摸的不仅仅是遗迹，更多的是在寻找逝去的年代，感受历史的风云起伏。

1942 年，因为香火不慎，高庙失火，因为当时地处荒凉，周围民众稀少，无力及时灭火。亲眼所见者称，大火通天，历时三月，仍有余烟。次年民间自发募捐，在废墟上重建高庙。在重建的砖瓦声中，流传下三个失聪之人的佳话。这三个失聪之人都是中卫本土人士，各怀土木手艺，为重修高庙走到一起。同时联合另外一个中卫瓦工能人，四人同心协力，各展其能，经过四年，又将高庙整建一新。

指尖上跳舞的高庙建筑

高庙，坐落于中卫城北，建在接连城墙的高台上，高台之下是保安寺，二者浑然相连。它坐北朝南，中轴线上的主要建筑是保安寺山门、天王殿，拾级而上是高大的砖雕牌坊、南天门、中楼，最后是筑在城墙高台上高达三层的主楼。

高庙的建筑美可以激发今天的建筑设计师灵感。

高庙从整体布局建筑风格而言，体现在对称美和飞檐翘角美。它以中轴线辐射，两边对称而建。屋顶样式很多，集中了歇山顶式、卷棚顶式、四角摄尖式和明清将军头盔式等。如中楼，是一幢罕见的三层塔式建筑，每层有六个角。此结构有“凹角凸翘”的美感，其顶部是“四角攒尖式”。

高庙看起来是步步升高的，从地表起足有29米之高，名副其实地以高取胜于天下，张扬了其建筑上高耸入云的特点。此外，高庙集中、紧凑，在仅有的4000余平方米的高台上筑有260多间楼阁。可以说是阁中有阁，楼中有楼，天下少见。在如此有限的平面上建如此之多的楼阁，恍若是在指尖上跳舞一般，难度可以想象，技艺非比寻常。从高处远看，高庙呈现的是一种整体造型美，其状恰如一只凌空欲飞的凤凰。高庙如此精巧美丽的造型，仿佛述说着我国古代建筑的辉煌成就和劳动人民的高超智慧。

今天的工艺设计师也可以走近高庙学习明清两代砖雕和木雕高超的技巧。高庙的砖雕牌坊上的浮雕，有《西游记》里的故事人物，天女散花等，妙趣横生。这里还有明代雕刻珍品，所雕花卉图案，古色古香；所雕动物图像，逼真多态，怎一个像字了得。

罗汉堂集南北雕塑风格于一体

目前，我国著称于世的罗汉堂有6处，其中北京碧云寺之五百罗汉的特点是慈眉善目、高风正气、逍遥洒脱、游戏神通、威仪自在，为北方风格的代表；云南筇竹寺之五百罗汉的特点是面貌、衣冠、神态皆塑造为中国化，具有浓厚的人间佛教色彩，亲切生动，艺术性高，可为南方风格的代表。而高庙罗汉堂则集南北雕塑风格于一体，所以走进高庙，罗汉堂是个必去的地方。

走进高庙罗汉堂，各路罗汉扑面而来。抬眼看去这个罗汉对你还笑嘻嘻的，自然你总不能绷着脸了，也得笑笑了，可是等你一回头，那个罗汉又一脸怒容，让你不得不在打冷战间，赶紧换一个表情……置身罗汉堂，瞬间闪过数百位罗汉，他们各依其景、各摆其姿、各显其态，直让你眼花缭乱、惊心动魄。

在罗汉堂里，最熟悉的要数济公活佛了。他就站在罗汉堂门口，听说是因为来晚了，正不好意思呢，才躲藏在门后。他手拿破扇，腰系葫芦，鞋帽、僧衣俱破，衣衫褴褛，一副似笑还哭的表情，让人忍俊不禁。

纵观整个罗汉堂，不难发现，这里五百个罗汉的位置错落有序，打破了呆板的模式化，而且背景浓郁，蔚为大观，很见气势；五百尊罗汉，各有其貌，生动逼真，年迈者突兀起落、年轻者圆润丰腴；罗汉所著服饰，衣纹流畅，舒卷自如，自然飘逸。除了罗汉，还有各类动物，在其间若隐若现。

心静了就听不见车马喧

走在高庙外的大街上，不难发现，高庙以其取胜天下的高，凌空耸立于中卫市区之中，炫人眼目。高庙外，车水马龙，人来人往。在城墙根下，一些老人三三两两聚在一起，或下棋、或打牌，其乐自不必言。

在人群中还不时传来几句铿锵有力的秦腔段子，余音回荡在古老高庙的砖瓦中。

城市车马的喧哗会不会打扰佛门的清净？在夕阳的余光中，僧人正襟打坐，双眼似合非合，满脸虔诚地诵经念佛。尘世的喧闹，似乎离他很远很远。纵使庙居深山，倘若心贪尘世纷扰，再宁静的山也是不能让心清净的。反倒是心若静了，即使像高庙这样居于市井之间，一颗体会佛门清净之意的心，也自然不会被车马的喧哗所打扰的。

游山，可以带走一山的风景；看海，可以感受一种无际无边的广阔。但是进入庙门，看风景则是次要的，心灵需要多多体会一些超然脱世的佛门箴言，细细品咂之下，会让生活难题不解自开，如沐春风。因为屋宽不如心宽，心豁然开朗了，还有紧锁眉头的难事吗？

呼和浩特塞上老街

喜欢在安安静静的晨光中或晚霞里，一个人，极是悠闲地漫步于塞上老街，寻觅那些依然停驻在雕砖兽脊或木质屋檐间的旧时光，看燕子从远逝的岁月深处，衔几缕明清遗韵，然后，翩然而去，遁入佛光闪耀的大昭寺。

老街不长，大约是嗑把瓜子儿的工夫，就可以走个来回。但，如果是观光或怀旧，那这路的长短，是该用美丽的目光和明亮的心情来丈量的。

最好是微雨或薄雾。那时，老街上没有摆放古玩奇石和纪念品，没有摩肩接踵的中国人和外国人，也不见被围观的现场烫制毡画展示。店掌柜们大都歇在玻璃窗后，喝茶，看报，把玩小摆件，也有的聚几个人在门前车马炮。另有被水汽打湿了的梵音大悲咒，干干净净地飘在耳畔的空濛中。看不见的风转动着时光的经筒，让人很是在意老街的过往和曾经。

在这样的路上走着，就极想逢着一个穿长袍马褂的旧时人。他手上戴着玉扳指，头上扣着黑缎子瓜壳帽，脑后拖一条长长的麻花大辫，千层底儿的布鞋踏在石板街上，影子紧随其后，同样的器宇不凡，铿锵有力。抑或，几个鬓角带着牡丹花的小脚女人，从老街的另一头迎面扭来，招摇着岁月深处的风流。

塞上老街位于康熙礼佛之地——大昭寺左侧，是“召城”呼和浩特的发轫地，也是北疆游牧民族早年与中原各民族融合的中心，更有塞北草原民间“博物馆”的美誉。在这里，可以看到明清遗风的古街，可以发现积淀匈奴文化、蒙元文化和中原文化痕迹的古代遗物，可以找到成吉思汗时代的生活气息，更能感受到一种历史的凝重。

呼和浩特，中国北方游牧民族发祥地，这片养育南北朝、隋唐开国皇帝的沃土，于430多年前建成定居城邑。其源于明朝蒙古右翼土默特首领阿拉坦汗所建“库库和屯城”，在清代便有“小部梨园同上国，千家闹市如丰年”的美誉，这即是塞上老街的前身。

现今，老街是呼和浩特唯一兼具明清建筑风格、保存完好、体现归绥城旧貌的市集，它见证了呼和浩特数百年的历史。

踏在老街古韵犹存的街道，循着蒙古族风格的浮雕壁画、穹庐屋顶、勒勒车毂，看到的仿佛是千年来游牧民族与汉族间繁忙的集市贸易，老街向人们讲述着民族融合的辉煌历程。

前些年，老街两侧的店面还都是土坯房，后当地政府为保护历史遗迹、以修旧如旧原则，对其重新修缮。修缮后的老街东端竖起一座醒目的牌楼，正面书“塞上老街”，背面字题“明清遗韵”，成为一条拥有浓厚游牧民族底蕴的古玩街、工艺品街。这里有独具魅力的“挂毡烫画”、驰名的“皮画”、蒙古刀、镶有成吉思汗头像的各式蒙古酒具、羊皮制品，按比例制作的蒙古包与蒙古服饰等别具一格。

清朝时期实施放号垦荒的戍边政策，山西、河北、陕西等地农民来这里垦荒种田，许多商号也随之相继落户老街。当时，塞上老街的牲畜市场最负盛名，有马市、驼桥、牛桥、羊岗子等。卖者多为草原牧民，而买者多来自山西、陕西、河北等地。与之俱兴的还有茶道和驼道的交易，商队从南方运来砖茶、食盐，经京、津、冀地区运来布匹，从江浙运来丝绸，远销到新疆和蒙古国的乌兰巴托。而当时著名的大盛魁、元盛德、天义德等从事边境贸易的旅蒙商号进驻塞上老街，更是促进了归化城老街的繁荣，特别是雄踞塞外蒙古市场的垄断性商号大盛魁，一度辉煌200多年，成为中国历史上最大的商号。它的入驻使“塞上老街”

成为当时商贾云集的贸易重镇。

老街上的商号大致可分为三类。第一类是前店后厂，自产自销，如王一铁的膏药、万盛永的酱牛肉，广合益的酱菜、隆兴元的糕点，以及生产毡品、皮革、绳索的老字号。第二类为饮食服务业，如月明楼、麦香村、古丰轩、庆春元等。第三类是生活用品的字号，有药店、布店、绸缎庄。

漫步在塞上老街，你不仅可以感觉历史，更可以触摸历史。这里有呼和浩特市历史文化缩影的博物馆、文物店、老字号；有 56 个民族民俗缩影的文化艺术、地方特产、风味小吃；有草原召城的代表作大昭寺、乃春庙、观音庙；有康熙、慈禧太后、李鸿章、吉鸿昌、傅作义等历史人物的行踪；有革命先辈乌兰夫、杨植霖工作战斗过的地方巧尔齐召和土默特学校；有康熙私访月明楼、御马刨泉、御泉井、刘统勋（刘罗锅的父亲）私访归化城的传说故事；有大书法家傅山先生、名画家韩葆纯先生、塞上文豪荣祥先生留下的传世珍品……踏上这块神奇的土地，就能沿着古人的足迹，重温中国北方塞上老街的历史，品味中国北方塞上民族民间的文化芳香。

塞上老街，沧桑中透着活力，安宁中尽显慈祥。

塞上老街，请脚步轻了又轻，别惊扰了她那被时光收藏起来的层层旧梦……

海　南

海口骑楼老街

一大清早，博爱路上的东门市场就已经十分热闹。这里是海口老城区内最大、最集中的出售海鲜干货的地方。尽管多次因脏乱的环境而被诟病，可东门市场仍然在老海口人心中有着独特的位置。它的存在，是整个海口老城记忆的缩影。早在1849年，当博爱路还被称为城内街的时候，海口的第一座骑楼就在这里被建了起来。

太阳慢慢升到了地平线上。老街的人们开始了他们一天的生活。

肠粉店就开在骑楼下，一碗味道鲜美的肠粉是海口人最喜爱的早餐。这是海口一天中难得的凉爽时候，也是老街里热闹的时段，到了中午，炙热的阳光会让街道变得安静下来，骑楼这种具有强烈地域特色的建筑就显示出了它的功效。

骑楼作为一种外廊式建筑物，其渊源可追溯到约2500年前的希腊"帕特农神庙"，那是雅典卫城的主体建筑，供奉着雅典娜女神。18世纪下半叶，英国殖民势力侵入印度等南亚国家，难以适应热带的炎热与多雨天气，他们在居室前加建走廊，用以遮蔽狂风暴雨和毒辣的日光，创造舒适的居住环境。这种"外廊式建筑"很快被印度等南亚、东南亚国家所重视并纷纷仿效，后来逐渐从南亚、东南亚传至我国。

海口的骑楼，跨人行道而建，骑楼下形成几百米甚至更长的长廊，让人自由通行。骑楼适合南方地区避雨遮阳之需，开展商贸活动十分方便；其背后是内街，民宅大门一般开向内街内巷，形成前店后坊、下店上宅的格局。

今天海口存留的骑楼式建筑约200余座，主要集中于博爱路、中山路、新华北路、得胜沙、解放路等五条老街，其中中山路沿街两旁保留较为完整的骑楼式建筑最多，约39座。

走在今天的老街上，人们能够看到的，是一栋栋有些陈旧的骑楼。在新民东路的一间老屋的门头上，三块不同的路牌平行地排列着，它们分别是“新民东124号”“反修路110号”“新民东路104号”，它忠实地记录了历史的变迁。在这里，繁华的面貌已无从确认，近百年的岁月让许多人淡忘了老街的历史和故事。

为海洋所拥抱的海南，从来就是一个移民传统悠久的地方，中原的文化和蓝色的海洋文明在海口形成了一种交融的影响，骑楼这种源自南洋的建筑形式就是文化交融的产物。20世纪初的海口，是一个开放的城市。特别是在1926年海口市成立后，它为那些去国离乡的游子们打开了大门，给他们提供了当时最好的投资环境。一时间南洋的华侨纷纷回到海口。他们为近代的海口带来了巨大的变化，海口从而迎来了一个飞速发展的时期，一栋栋带着东西方文化碰撞色彩的骑楼和大屋修建起来。

何家大院背后的家族故事浓缩了海口百年的历史沧桑。

何达启原本是海南琼海人，少年时代，他就随着出南洋的商船经越南辗转来到马来西亚，1886年，他开始在一位德国船长的家里帮工。他的命运从此发生了转折。

这一年德国船长夫妇二人回汉堡度假，匆忙中把一个装有贵重财物大箱子遗落了。他们原本以为再也找不到箱子了，谁知三个月后，德国船长夫妇回到海口时，何达启把箱子完好无损地交给了船长，船长夫妇感动不已。

德国夫妇送何达启到德国汉堡学习三年，他走之前看到海口港停放的都是英国、意大利、荷兰、葡萄牙人的船，没有一艘中国人的船，于是发誓说："我一定要拥有自己的船队。"

1890 年，何达启终于实现了理想，他创办了琼州第一家远洋轮船公司——森堡船务公司，开辟海口往南洋的新航线，改变了以往靠帆船运输的落后状况。

何达启的人生，就像何家大院一样，复杂而充满矛盾，东西方文化的冲突，在他身上表现得淋漓尽致。当南洋的华侨带着几代人在异国他乡拼搏的成就回到海口时，他们不仅带来了南洋风格的骑楼建筑，也带来了资金和商机。

1939 年，日军入侵海南，占领海口的日军在这里实行商业统治政策，导致大量商店关门，商业极其萧条，人们纷纷逃离这个城市。五万多人的海口，几乎逃离了一半，华侨带来的资金也纷纷外流，海口的经济元气大伤，骑楼老街也结束了它最辉煌的岁月。

顺着新华北路前行百步，右拐，就是中山街；朝左，再走数十米即到得胜沙。在老街那鳞次栉比的骑楼群里，许多历经近百年风雨的骑楼已是垣壁断裂，墙泥剥落，图文漶漫，风雨侵蚀之后的砖头和木料暴露在外。不少骑楼的栏杆或楼顶生长着青草和蕨类寄生物，水巷口街的骑楼上竟长了两三棵数米高的榕树，根须垂向地面。在下一次的台风后，它们还会站在这里么？

一座城的血肉，终是由这些经历了人间兴衰，看穿了红尘冷暖的无声老建筑所构成的。没有了历史的回忆，剥离了岁月的沧桑，那座城不过是空洞的水泥怪兽。董桥先生在《给后花园点灯》里写下这样的文字："不会怀旧的社会注定沉闷、堕落。没有文化乡愁的心注定是一口枯井。"

老街不仅连接着过去，也延续着现在和未来，许多人曾在这里生活过，许多人还在这里生活着，对它的保护或许要花上海口人许多年的精力去摸索、去尝试，需要许多人付出努力，但他们知道，一切的努力都是值得的。

台　湾

淡水老街

那常春藤攀上　生锈的消防栓
像蝴蝶离不开　有花香的地方
宁静的小巷　一杯永和豆浆
我在细细品尝　恬淡的家乡
嘉南平原等待收割
一整遍幸福的颜色
屏东黑鲔鱼直接等于快乐
一路蜿蜒的是淡水河

——台湾的心跳声・方文山

山水相伴，渔歌晚唱，淡水是最适宜漫步的地方。闽南建筑的燕尾脊，西式建筑的罗马窗，蓝天下的观音山，碧水荡漾，美不胜收。

这个曾被叫做“圣多明哥城”“安东尼堡”“沪尾”的小镇，留下了西班牙、荷兰、美国、日本等外来者诸多的痕迹。而在远古时代，它是凯达格兰族的聚居地。明清之际，它是闽东汉人渔民打鱼时最边缘的所在，沪，即捕鱼的竹栅。漫长的历史，多元的文化，形成了淡水独特的风景线。

位于淡水河畔的淡水老街，是北台湾最具特色的老街之一；而老街上的数家老字号美食，则是淡水最具盛名的所在。

在淡水捷运站西侧的中正路、重建路、清水街一带，便是淡水老街。古早式的砖造店铺犹在这条街上可见。而坐落其间的数座老庙宇，更反映出本地的开发史：最古老的福佑宫相传建于清雍正年间，文昌祠、龙山寺、兴建宫等于 19 世纪落成，祖师庙亦相继于 20 世纪初落成。漫步在坡道间，造访淡水老街，先民的生活点滴跃然眼前。

如果是下午时分来到淡水，便可以沿着淡水河岸边，漫步在凉爽舒适的榕树下，轻松自在又可享受微微海风吹过脸庞的片刻轻松，这时候来杯咖啡，配上一本郑愁予的诗集，更有一点点的文学气息，如果你更仔细品尝榕堤的味道，还能发现这里除了榕树、海风、河水，更有几只可爱的猫咪，一派悠闲地躺卧在附近的围篱上。

紧邻海岸的中正路上，众多海鲜餐厅林立，其中以价廉物美的海风餐厅最受欢迎。淡水鱼丸、鱼酥、铁蛋、阿给都是淡水最脍炙人口的美食。众多鱼丸、鱼酥店林立道旁，其中不乏历史悠久的老店，如德裕鱼丸、可口鱼丸、味香鱼丸、许义鱼酥等；耐人寻味的“铁蛋”则是卤蛋反复卤制，最后蛋白缩成薄薄的黑色韧皮，气味香醇。阿婆铁蛋已有 30 多年历史，是淡水小镇最知名的小吃之一；“阿给”的做法是油炸豆腐皮中塞满粉丝，再糊上鱼浆，蒸过后浇上特制的辣椒酱，便成了这道风味特殊的小吃。

淡水最美的景色在黄昏。淡水海岸的暮色，黄昏时分落日染红河面一景，是无法用任何语言来形容的震撼。这样的黄昏，无论是在渔人码头还是在临着淡水河的咖啡厅里，都会让人感受到单纯的幸福。

淡水老街沿路有许多风景名胜，一路直行到老街尾段，即可与洋溢地中海白色迷情的小白宫邂逅。小白宫原名“前清淡水总税务司官邸”，为西班牙白垩回廊式建筑，一落雪白的建筑外观，洋溢地中海阳光灿烂的气质，房舍内部并设有回廊、凉台、壁炉等设施。院落里的观景台，可将对岸的观音山美景尽收眼底。

马偕街上的红砖礼拜堂，也是淡水傍晚时分不可错过的景致。红色的墙砖被落日涂抹得娇艳如血。马偕牧师如大陆所熟知的白求恩大夫，于 1872 年来到淡水，第一眼看到淡水，便决定要住下来。他娶了台湾籍的新娘，在淡水行医，传教，扎根。黑白的老照片里，马偕牧师站在一群留长辫的大清国百姓中间，拿着西方的医疗工具，为他们拔牙。淡水礼拜堂是其子亲自督建、设计并于 1933 年完工的仿哥特式尖顶的美丽建筑。

夏天的淡水，夜晚来得略迟，六点多太阳落下后，空气中还有着阵阵热气，直到天空变得暗黑，淡水老街店家点起了招牌灯火，整条淡水老街又亮了起来，连对岸的观音山、八里左岸，也点上了银色、红色、蓝色点点灯光，整条淡水河就像穿上多彩腰带，美丽而动人。

要观赏淡水的夜景，最好的地方就是淡水老街。老街的老店铺卖老东西，装修设计却很现代，阿原肥皂已经做出百种花样，成为一种时尚品。有鱼腥草的、松木的、桧木的、樟木的、桑菊花的，举不胜举。还有儿时记忆中的老玩具店，那桩桩件件，吹的，拍的，打的，珍藏的，吓人的，恶作剧的，原来童趣和游戏两岸都一样。看那石阶，看那通往河边的小巷，看那可坐一个乘凉少年的寺前石鼓，似有蝉声袭入庙宇；还有茶坊，有药局，有消磨时光的冷饮、咖啡，还有服装店，美术店，河畔旁还有帮顾客画肖像，背着乐器演出的街头艺人，有许多只为在河边呆坐的人……

您还可选择骑着脚踏车玩淡水，夜晚关渡大桥点起灯火，倒映在淡水河上，闪耀的红色圆弧倒影，让淡水河更加明媚动人，加快骑乘速度，海风徐徐吹过，身体仿佛也随着空气轻盈了起来，经过红树林时，道路旁还有着青蛙呱呱和虫鸣，让人觉得身心舒畅。

从日落到夜晚，淡水这位少女不断换上新装，用璀璨的灯火、浪漫的音乐包装，穿戴上神秘的面纱等你来到淡水与她相见。

九份老街

九份的日与夜、晴与雨都是独特的。九份这座空中之城，背山面海，形成了独特的山坡和阶梯式建筑景观。

阴天的九份，是侯孝贤长镜头下的《悲情城市》，灰暗的色调、沉默的远山、清冷的石阶、雾雨迷蒙，镶嵌在山坡上的老旧巷型，九份是一种浓浓的乡愁。

晴天的九份，携高山屏障，与基隆山遥相对望，面对辽阔的太平洋，大朵白云点缀在碧蓝的天空，一经走入，宛若置身画中。

白日里的九份，蜿蜒的阶梯路上，是俗世繁华的街市。

夜间的九份，天幕蓝得发黑，海上有或明或暗的渔火。月亮精致地悬在天际。

清初的九份，是只有九户人家的村落。

光绪十九年，金矿的发现使得大量的淘金客蜂拥而至。九份从九户人家迅速发展成了三四万人的小镇，结束了它的平静和荒芜。日据时代，金矿开采进入了疯狂的时期，九份因畸形的资源开采而进入了空前的繁荣。资源渐渐枯竭，1971 年，金矿结束开采，九份繁荣因而褪色，屋舍人去楼空，老街人烟稀少，九份归于平静。直到《悲情城市》的开拍，九份特别的美丽又一次绽放。

九份的房屋都是缘山而建，渐行渐高。密密的房檐彼此挨着，狭窄的街道和陡直的石阶，高高低低，弯弯曲曲，是九份最具特色的景观，行走时，如同走在住家的屋顶之上。

基山街是九份最热闹的街道，浓浓的人文气息是老街朴实的风情写照。据说宫崎骏的《千与千寻》中的布景很多灵感都来自于九份，片中活色生香的街景儿就是以九份老街为原型的。

走着，走着，来到了竖崎路，这是一段阶梯式的小路，房屋排列在两旁，高低错落，层次分明。再往远看去，则是若隐若现的大海。

“阿妹茶楼”是竖崎路上一家极富特色的茶楼。茶楼里，很多装饰都能找寻到与《千与千寻》相关的蛛丝马迹，如屋檐下所悬挂的如浮世绘般的两张面具。茶楼三楼的阳台，是极佳的观海点。凭窗远眺，山海尽收眼底。红砖瓦，老石墙，淘金坑洞，油毛毡顶，青石阶，旧戏园……我在其间穿梭。青鸟飞过，醉眼迷蒙。海浪拍岸，似溅飞雪。山海相连处，汽笛声声。稀疏的车灯在环山盘旋，蜿蜒游过……

坐落在轻便路上的“升平戏院”虽已废弃，不过却是台湾北部的第一家戏院，大约建于1914年，以前俗称“升平座”，顾名思义，可见当初繁荣时期九份的歌舞升平。戏院初见如同荒屋，残垣断壁，茅草丛生。如不是四周日式茶馆及街上行人的提醒，会以为自己走入时光隧道。拨开历史的烟雾，我仿若看到烟饰媚行的女子袅袅地从老街升上来，陪伴着无根漂泊的淘金客，挥霍着他们的青春。音乐响起，灯红酒绿，歌舞升平。当金矿开采殆尽，人口外移，一切归于孤寂，繁华散尽，1986年，戏院不得不结束营业。如今，这个曾经是北台湾最大的戏院，风华不再，静静地伫立在街头，如沧桑的老人，承载着一段过去，叙述着昔日的辉煌。

九份的老街，曲曲折折，不经意间，进入了九份茶坊，结果那看似一扇店门里，辗转周延，洞天连着洞天，耽溺了一个多小时也没出来。老陶壶一直煮开水，用炭火，一壶一壶就架在炭灰里。水煮开，蒸汽缭绕，炭火自带一种煎香气跟着烟雾如丝如缕地在空气里缠绵着。前屋面街卖茶，后屋听海品茗。不几时山里就起了很浓的雾气，山、海、风、人、茶都跟着一起缥缥缈缈。探索着迈进哪一间屋子，可能都没人，但总有一个陶壶，烧着水冒着气，发出持续的煮水声响，这屋子就活了，好像刚有仙人离座，只留一杯未饮尽的茶。茶铺后面沿着石阶忽上忽下，延伸出许多天地来。烧陶坊、画室、茂盛诡异的庭园、甚至断壁残垣，妙趣横生，忽明忽暗。

在九份老街，行走的诸多乐趣，是可以自由找寻的。可以往人堆里扎，也可以哪条石阶少就走哪条。

夜渐深，白天喧闹的九份老街进入了浅眠的世界。

石阶，茶香，日式老房，在灯火点缀下尤为动人。

灯光、人群，老街蒸腾起的世俗的雾气，是温暖实在的另一面，这是九份百多年来积淀下来的生活。黄金的盛世不在，但九份换了一份活法，继续在云雾里热气腾腾。

不觉想起陈绮贞的那首《九份的咖啡屋》：

这里的景色像你变幻莫测
这样的午后我坐在九份的马路边
这里的空气很新鲜
这里的感觉很特别。

愈夜愈美丽的九份在夜间有种特别的朦胧感，一切仿佛梦一般。

这是每个文艺小清新心里的九份老街。